五常龙舟胜会

五常龙舟胜会

总主编 杨建新

浙江省非物质文化遗产代表作丛书

浙江摄影出版社

叶华醒 葛犇程 编著

总 序

浙江省人民政府省长　夏宝龙

　　非物质文化遗产是人类历史文明的宝贵记忆，是民族精神文化的显著标识，也是人民群众非凡创造力的重要结晶。保护和传承好非物质文化遗产，对于建设中华民族共同的精神家园、继承和弘扬中华民族优秀传统文化、实现人类文明延续具有重要意义。

　　浙江作为华夏文明的发祥地之一，人杰地灵，人文荟萃，创造了悠久璀璨的历史文化，既有珍贵的物质文化遗产，也有同样值得珍视的非物质文化遗产。她们博大精深，丰富多彩，形式多样，蔚为壮观，千百年来薪火相传，生生不息。这些非物质文化遗产是浙江源远流长的优秀历史文化的积淀，是浙江人民引以自豪的宝贵文化财富，彰显了浙江地域文化、精神内涵和道德传统，在中华优秀历史文明中熠熠生辉。

　　人民创造非物质文化遗产，非物质文化遗产属于人民。为传承我们的文化血脉，维护共有的精神家园，造福子孙后代，我们有责任进一步保护好、传承好、弘扬好非物质文化遗产。这不仅是一种文化自觉，是对人民文化创造者的尊重，更是我们必须担当和完成好的历史使命。对我省列入国家级非物质文化遗产保护名录的项目一项一册，编纂"浙江省非物质文化遗产代表作丛书"，就是履行保护传承使命的具体实践，功在当代，惠及后世，有利于群众了解过去，以史为鉴，对优秀传统文化更加自珍、自爱、自觉；有利于我们面向未来，砥砺勇气，以自强不息的精神，加快富民强省的步伐。

党的十七届六中全会指出，要建设优秀传统文化传承体系，维护民族文化基本元素，抓好非物质文化遗产保护传承，共同弘扬中华优秀传统文化，建设中华民族共有的精神家园。这为非物质文化遗产保护工作指明了方向。我们要按照"保护为主、抢救第一、合理利用、传承发展"的方针，继续推动浙江非物质文化遗产保护事业，与社会各方共同努力，传承好、弘扬好我省非物质文化遗产，为增强浙江文化软实力、推动浙江文化大发展大繁荣作出贡献！

前　言

浙江省文化厅厅长　杨建新

　　"浙江省非物质文化遗产代表作丛书"的第二辑共计八十五册即将带着墨香陆续呈现在读者的面前，这些被列入第二批国家级非物质文化遗产保护名录的项目，以更加丰富厚重而又缤纷多彩的面目，再一次把先人们创造而需要由我们来加以传承的非物质文化遗产集中展示出来。作为"非遗"保护工作者和丛书的编写者，我们在惊叹于老祖宗留下的文化遗产之精美博大的同时，不由得感受到我们肩头所担负的使命和责任。相信所有的读者看了之后，也都会生出同我们一样的情感。

　　非物质文化遗产不同于皇家经典、宫廷器物，也有别于古迹遗存、历史文献。它以非物质的状态存在，源自于人民的生活和创造，在漫长的历史进程中传承流变，根植于市井田间，融入百姓起居，是它的显著特点。因而非物质文化遗产是生活的文化，百姓的文化，世俗的文化。正是这种与人民群众血肉相连的文化，成为中华传统文化的根脉和源泉，成为炎黄子孙的心灵归宿和精神家园。

新世纪以来，在国家文化部的统一部署下，在浙江省委、省政府的支持、重视下，浙江的文化工作者们已经为抢救和保护非物质文化遗产做出了巨大的努力，并且取得了丰硕的成果和令人瞩目的业绩。其中，在国务院先后公布的三批国家级非物质文化遗产名录中，浙江省的"国遗"项目数均名列各省区第一，蝉联三连冠。这是浙江的荣耀，但也是浙江的压力。以更加出色的工作，努力把优秀的非物质文化遗产保护好、传承好、利用好，是我们和所有当代人的历史重任。

编纂出版"浙江省非物质文化遗产代表作丛书"，是浙江省文化厅会同财政厅共同实施的一项文化工程，也是我省加强国家级非物质文化遗产项目保护工作的具体举措之一。旨在通过抢救性的记录整理和出版传播，扩大影响，营造氛围，普及"非遗"知识，增强文化自信，激发全社会的关注和保护意识。这项工程计划将所有列入国家级非物质文化遗产保护名录的项目逐一编纂成书，形成系列，每一册书介绍一个项目，从自然环境、起源发端、历史沿革、艺术表现、传承谱系、文化特征、保护方式等予以全景全息式的纪录和反映，力求科学准确，图文并茂。丛书以国家公布的"非遗"保护名录为依据，每一批项目编成一辑，陆续出版。本辑丛书出版之后，第三辑丛书五十八册也将于"十二五"期间成书。这不仅是一项填补浙江民间文化历史空白的创举，也是一项传承文脉、造福子孙的善举，更是一项需要无数人持久地付出劳动的壮举。

在丛书的编写过程中，无数的"非遗"保护工作者和专家学者们为之付出了巨大的心力，对此，我们感同身受。在本辑丛书行将出版之际，谨向他们致上深深的鞠躬。我们相信，这将是一件功德无量的大好事。可以预期，这套丛书的出版，将是一次前所未有的对浙江非物质文化遗产资源全面而盛大的疏理和展示，它不但可以为浙江文化宝库增添独特的财富，也将为各地区域发展树立一个醒目的文化标志。

时至今日，人们越来越清醒地认识到，由于"非遗"资源的无比丰富，也因为在城市化、工业化的演进中，众多"非遗"项目仍然面临岌岌可危的境地，抢救和保护的重任丝毫容不得我们有半点的懈怠，责任将驱使着我们一路前行。随着时间的推移，我们工作的意义将更加深远，我们工作的价值将不断彰显。

2012年5月

目录

五常龙舟胜会概述

五常龙舟胜会是盛行于杭州市余杭区五常街道及周边其他镇村的端午节民俗活动。五常街道地处西溪湿地核心区块，划龙舟源于水乡生活，在这里至少已有千余年历史。明代尚书洪钟归隐故里，将这里的划龙舟演绎为闹龙舟，形成规模盛大的龙舟胜会。龙崇拜、祈社福、祝丰年是五常龙舟胜会非常鲜明的主题。

五常龙舟胜会概述

[壹] 五常龙舟胜会文化地理环境

　　杭州市余杭区五常街道紧靠杭州主城区西部，东南距举世闻名的风景区西湖不足10公里。这一带是河汊纵横、荡漾棋布、风光旖旎的水乡。唐宋时这里就有端午节划龙舟的民间活动，明代尚书洪钟辞官还乡，将划龙舟民间活动系统化，改造为端午节闹龙舟民俗，清代起称为"龙舟胜会"。龙舟胜会在五常及毗邻诸乡，已有数百年历史。

　　五常一带的水乡通称西溪湿地，一般指沿山河（又称西溪、留

位于五常的西溪国家湿地公园（西区）（朱联忠摄）

下溪）和余杭塘河为主干的水网体系，以及分布其间的农耕湿地。湿地风貌最集中的地域，有五常——蒋村湿地核心区及闲林镇和睦原生态湿地（现称"闲林水乡"）两大片。端午节龙舟胜会民俗的分布区域，包括杭州市余杭区的五常街道，仓前镇、闲林镇、余杭镇的一部分，杭州市西湖区蒋村街道的一部分，活动的时间、名称、内容、形式完全一致，而与其他地方的端午划龙舟的民俗活动则大不相同。

西溪湿地的形成，源于浙北最大的河流之一东苕溪。距今约两千年前，东苕溪干流由今之余杭镇南东向，经仓前、闲林、五常、蒋村、古荡等地注入钱塘江。随着钱塘江冲积平原逐渐扩大，东苕溪水流不畅，西溪一带低洼地段成为苕溪潴水之处，形成大泽。苕溪水涨，溢而直下，湖水变浊；苕溪水缓，徐徐而至，湖水变得清澈。清

泏相间，犹如北方的漳河，古称"南漳湖"。东汉熹平元年（172年）陈浑任余杭县令，他修建西险大塘后，东苕溪之水遂从余杭县城折北流向太湖。清人沈绛祖《南漳子序》记述，陈浑又在余杭县城的西北、东南分别开南上、南下两湖以蓄淫潦，"捍之以横塘，泄之以斗门"，苕溪水势遂缓，南漳湖受水遂少，"水渐杀、土渐出，伏而为滩，突而为洲，民乃得依之以居"。[1]

　　西溪湿地内河汊密如蛛网。河道密度每平方公里区域的长度达25公里之多，仅五常街道辖区就有河道二十六条，总长55.22公里。西溪湿地内主要河道，大体呈南北走向的有方庙港、紫金港、蒋村港、五常港、闲林港，大体呈东西走向的有沿山河、蒋家潭河、严家港、天竺桥港、顾家桥港、骆家桥港。除余杭塘河、闲林港宽达30—40米外，其他主要港道水面宽度大都在20米上下，水深2.5米左右，水流徐缓，波澜不兴。大小港汊互通，串联着接二连三的荡、漾。五常西北、西南古时各有一大片沼泽，分别称为"北草荡"、"南草荡"，清后期已成为渔塘成片、稻丰鱼肥的富饶之乡。陆路交通不发达的年代，五常一带交通、劳作非舟莫行。桥梁众多，是这里的又一特色，村与村，甚至一村之内，如若步行也非桥而不能往。仅五常街道辖区境内，就有桥梁一百余座，仓前镇及闲林镇和睦桥一带桥梁密度也大致与此相仿。

---

[1] 清·沈绛祖：《〈南漳子〉序》。

五常的湿地风光

五常的小桥、流水

　　西溪东南一山之隔的老和山麓，西面几公里至10公里的余杭凤
凰山、南湖，仓前镇白虎山，都有新石器时代的遗址发现。西溪北面
10公里的良渚、瓶窑分布着众多的良渚文化遗址群。远在进入文明
社会之前，人类就在这片大泽的周边繁衍生息，有了原始的渔猎和
农耕活动。距西溪不远的余杭南湖、瓶窑卞家山出土过新石器时代
的木桨，茅山古河道遗迹中还出土了良渚文化时期的独木舟，说明当
时的人们已使用舟船。

　　五常、蒋村一带成陆地后，唐初有宜兴、无锡、吴江等地渔民陆
续移居于此，并逐渐形成西溪市、蒋村市等集市。宋时西溪市为"钱

西溪湿地芦花如雪

五常火柿（杨理帆摄）

塘四镇"之一。宋室南渡，高宗一度有意建都城于西溪。明人张岱所著《西湖梦寻》中记载："相传宋南渡时，高宗初至武林，以其地丰厚欲都之。后得凤凰山，乃云：'西溪且留下。'后人遂以名。"[1]这就是紧贴五常的留下镇名称的来历。宋高宗一言九鼎，杭州城西留下了一片难得的湿地自然风光。西溪腹地宋人称之"蒹葭深处"，宋代名儒朱熹解释："蒹，似萑而细，高数尺，又谓之廉。葭，芦也。""蒹葭"泛指芦苇。《诗经·秦风》"蒹葭苍苍，白露为霜；所谓伊人，在水一方"，简直就是为这里量身打造的佳句。

西溪湿地风光以水出奇，以静制胜。明人张岱说："西湖真江

[1] 明·张岱：《西湖梦寻》卷五。

南锦绣之地，入其中者，目厌绮丽，耳厌笙歌。欲寻深溪盘谷，可以避世，如桃源、菊水者，当以西溪为最。"[1] 喧嚣都市旁边的清幽之地，引得无数逸士垂青，墨客折腰，他们或缘曲水结庐、或借小舟探幽，寄情如雪秋苇、如火秋柿。明代冯梦桢于此建西溪草堂，明末邹孝直于此筑泊庵。清代高士奇于此辟西溪山庄，章次白立梅竹山庄。始建于宋淳熙年间的秋雪庵令多少人流连忘返。民国九年（1920年）所建的"历代两浙词人祠堂"祀有张志和等七十二位诗词名家，以及历代宦游词人、历代流寓词人、历代方外词人、历代闺阁词人，共1044位，引发人们无尽遐思。这里还留下温庭筠、苏轼、秦观、林和靖、叶绍翁、唐寅、文徵明、董其昌、王百谷、厉鹗、朱彝尊、康有为、林纾、章太炎、马一浮、郁达夫、黄宾虹、徐志摩等著名文人的诗词文章。康熙、乾隆也不惜屈帝王之尊，来这里寻觅闲情野趣。

据明代吴本泰《西溪梵隐志》记载，西溪"自宋辇径途，斥为皋壤、沟塍鳞次，耕渔栉比，兼饶梅竹茶笋"，"可庵、可庐、可稻、可蔬、可舟、可梁、可灌、可湘"。[2] 食有鱼、居有竹，不涉喧嚣，恬静俨然世外桃源。五常及其周边村落犹如夜空繁星，其名大多以桥、浜、埭、湾、墩、港、坝、溇、滩、潭、圩、漾、兜及河头、港头、桥头、塘角、陡门等为后缀，民居大多傍水而建，依河而筑，许多村庄巨樟华

[1] 明·张岱：《西湖梦寻》卷五。

[2] 明·吴本泰：《西溪梵隐志》卷一·纪胜。

盖，远看时水尽处似无人烟，抵近时则柳暗花明、民居聚集。

西溪湿地为杭城近郊，其间的各个镇乡街道历史渊源密不可分，五常、蒋村、留下原属钱塘县，民国初钱塘、仁和合为杭县，均隶属杭县。1958年至1961年，当时的闲林乡一度划入留下人民公社，为该公社的两个管理区。1961年4月，五常、蒋村、闲林隶属重建的余杭县。1992年5月，原蒋村乡并入余杭县的三墩镇。1996年5月，三墩全镇并入杭州市西湖区，蒋村才不再隶属余杭。闲林镇湿地最为集中的和睦桥一带原系余杭县仓前人民公社的一部分，20世纪60年代初单独建立和睦公社，80年代初为和睦乡，1992年5月并入闲林镇。五常乡1992年5月并入闲林镇，成为行政管理相对独立的经济开发

湿地竹园

区。2008年单独建立五常街道。2009年3月，仓前镇永福村划入五常。上述地区行政区划虽几经变动，但千百年传承的各村间相似的民俗一直沿袭，并不因行政区划变化而有所改变。

西湖区蒋村街道与五常街道紧邻，两个街道办事处驻地相距约4公里，其间河汊交织、荡漾密布，生态环境一致，构成西溪湿地的核心区块。蒋村街道的深潭口距五常边界仅数百米，水面开阔，岸边巨樟蔽日，是龙舟胜会集中地之一。清人孙士骏《南漳子》中记载："深潭口非舟不能渡，闻有龙潭，深不可测。"吴祖枚更有《深潭口》一诗描述这里的自然风光："水曲潭深静不波，瓜皮艇载客闲过。四围断岸居民少，一径荒林宿鸟多。凫柳半欹余袅袅，芦花平放舞娑娑。兴酣只有渔人好，高唱弯弯月子歌。"

留下街道属于杭州市西湖区，其西北与五常街道接壤，两个街道办事处相距仅2公里。留下古称"西溪市"，是著名的"钱塘四镇"之一，南宋时辇道由此经过。留下街道的湿地分布于与蒋村、五常的毗邻地带。

闲林镇紧贴五常街道西部，镇中心闲林埠距五常街道中心相距4公里，是杭州城西要地。《大清一统志》载："余杭县东南十八里有闲林塘，宋时置闲林酒库。明初邓愈略临安，破张士诚兵于闲林寨，即此。"[1]相传晋隋间此处已因风景秀丽名闻遐迩。隋末，河北人张

---

[1] 清嘉庆《余杭县志》卷三。

闲林水乡的云凤湾

士衡曾任余杭县令，告老还乡后难忘这里的山水，从家乡重返于此，闲居林下，这里遂有"闲林"之名。后又形成"新桥渔火"、"环龙夕照"、"圣堂环雪"、"乐山红燕"、"福严晚钟"、"梅谷望江"、"曹坟古松"、"古营映月"、"玉带围腰"、"百鸟朝凤"等"闲林十景"。闲林埠的东北，河道密如蛛网，渔荡一个接一个，湿地风光可与五常、蒋村相媲美，与五常相去不过2公里余，称为闲林水乡。其间的和睦桥即何母桥，清嘉庆《余杭县志》记载："何母桥，在县东南二十里徐湖界新坝保，跨官河……环溪绵流不绝，实名'和睦'，方音曰何母也。"[1] 历史上何母、和睦的名称曾交替使用，但龙舟胜会中仍习称

[1] 清嘉庆《余杭县志》卷三。

闲林水乡的许家埭

和睦桥。20世纪60年代以前，和睦桥是周边较大的集市，一直是农历五月十三日小端午龙舟胜会的唯一中心。

仓前镇东与五常、南与闲林接壤，镇中心距西溪湿地核心区域和闲林水乡都只有四五公里。南宋时这里建立大型国家粮库临安仓，遂得"仓前"的地名，并成为原余杭县东乡最大的商埠。余杭塘河穿越仓前镇中部，经五常、蒋村北部，在杭州注入京杭大运河，是以前杭州至余杭县城最重要的通途，也是西溪湿地及周边最大的河道。仓前集镇的余杭塘河河段，是五常一带龙舟胜会的中心之一，不但各乡龙舟云集于此，还有杭州、上海的远客赶来观赏。每年端午，仓前集镇几乎家家宾客满堂，连集市上鱼肉蔬菜的价格也明显上

仓前镇的闲林港（林莉摄）

扬。沿河两岸更是人头攒动，路为之塞。

五常街道地处西溪湿地中央，东为西湖区蒋村街道，东南为留下街道，西为余杭区仓前镇，西南紧邻闲林镇和睦桥一带的闲林水乡。整个五常，水面占总面积的45%，中部和东部荡、漾、港、汊尤为密集。与蒋村境域一水之隔的浜口，是大端午（农历五月初五）龙舟胜会的中心地点之一。

龙舟胜会发生、发展的历史文化背景，在五常得以集中体现。五常作为地名出现于近代，得自南北纵贯境内的最大港汊五常港。"五常"的来历，普遍认为与钱塘望族洪氏相关。洪氏自明初迁居西溪洪家埭，有明一代西溪洪氏共有五位尚书，号称"五尚"，尚、常

相通，而为"五常"。另有一个说法：明代西溪富户张璟，将父亲遗留给他的藏金尽奉，家道荡废、凄苦不堪的兄长，为乡邦称善。明万历《杭州府志》载："西溪西北有五藏埂者，相传为璟父埋金处。自七宝柱起至思母亭后止，至今犹有人掘得者。"清人丁立中有《五藏埂怀张璟》一诗赞咏："暗室不欺真白璧，连枝式好胜黄金……百忍家风殊未远，留将浊世好砭箴。"

五常由何而来，学者曹云、葛树法先生的阐述很有见地。曹云、葛树法先生引《书·舜典》中"五典五常之教：父义、母慈、兄友、弟恭、子孝"。认为洪氏五尚书世代以诗书礼仪传家，这五种常典也是

五常洪氏府第

洪氏家族的传统。因此，五常的来历出于洪氏家传"父义、母慈、兄友、弟恭、子孝"五常俱彰，与三纲五常的"五常"同义，更言之成理，也符合洪氏诗礼传家的特征。五常街道顾家桥村东侧的西溪国家湿地公园（西区）内，重建的洪府、洪家祠堂，陈列着宋、明两朝封赠洪氏家族的诏书石刻和洪氏家训，充分显示洪氏家族对杭州文化的重大影响。历代洪氏家族成员在西溪的活动史料使人尤感亲切。

五常迄今尚存的洪家祠堂、思母桥、洪园等旧址、遗迹，以及出土文物表明，宋、明、清，特别是有明一代，钱塘洪氏对杭州文化

五常洪氏宗祠

敕命行人洪皓試徽猷閣學士使金通問

奉

天承運

皇帝敕曰行人之職所以宣朝廷命使於四方國家務擇忠亮以任之蓋重遴選而示不輕也行人司行人洪皓發身賢科擢居是職歷年未久克勁勤勞茲特進爾試徽猷閣學士仍領節鈸赴金通問毋辱朕命功賞於後欽哉

忠貫日月
廣運
之寶

建炎三年三月十二日下

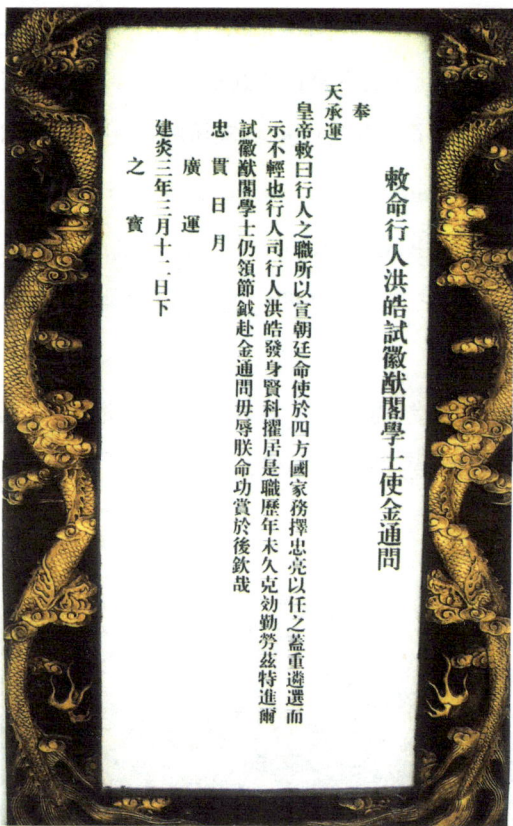

洪皓使金敕书刻石

发展具有重大而深刻的影响。洪氏是钱塘望族，源自江西鄱阳。鄱阳洪皓（1088—1155）系北宋政和五年（1115年）进士，南宋建炎三年（1129年）以权礼部尚书的身份出使金国，被扣十五年，放逐于冷山，即今黑龙江五常市冲和镇。洪皓坚贞不屈，终被放回，朝野誉为"宋之苏武"。归国后官至徽猷阁直学士，封鄱阳郡开国侯。宋高宗赐洪皓宅第于西湖葛岭，与五常仅一山之隔，并在西溪钦贤乡（今五常、蒋村、留下一带）赐御田三顷，至今五常还有"御田里"之地名，即当年赐田所在处。后又加封洪皓为魏国公，卒谥忠宣。洪皓为迁杭洪氏第一代，其三子先后均成进

洪氏祖训

士。长子洪适（音kuò），字景伯，官至同中书门下平章事兼枢密使。次子洪遵，字景严，官至翰林学士承旨，同枢密院事，封信国公，谥文安。幼子洪迈为翰林学士，中书舍人兼侍读，加焕章阁学士、端明殿学士，封和国公，谥文敏，著名的志怪小说《夷坚志》、笔记小说《容斋随笔》即其所作。五常洪家埭原有洪氏宗祠，其内联句"宋朝父子公侯三宰相"，就是指南宋名臣洪皓父子的显爵。

　　洪氏一支元初避居上虞，明初这一支中的洪有恒返回钱塘，卜居五常洪家埭。成化十一年（1475年）洪有恒之孙洪钟中进士，累官至太子太保、刑部尚书兼左都御史。洪钟显贵后，其曾祖父洪荣甫、祖父洪有恒、父洪薪均获赠太子太保、尚书衔。洪钟曾孙洪瞻祖于万历二十六年（1598年）中进士，官至南京都察院右都御史，著有《西溪旧志》、《清远山人稿》、《西溪集》等，卒后赠太子少保、兵部尚书。因而，五常洪氏祠堂楹联又有"明纪祖孙太保五尚书"

之句。

洪氏家族对五常一带的影响，以洪钟为最。洪钟（1443—1523），字宣之，自号两峰居士，出身于世代簪缨的书香门第，学习刻苦，事母至孝。为官后重修五常洪家埭断桥，名之"思母桥"以怀念慈母。洪钟一生清白，不事聚敛，却在杭州涌金门建"两峰书院"教读子弟。洪钟有《命子作》示儿："汝父慕清白，遗无金满籯。望汝成大贤，惟教以一经。经书宜博学，无惮历艰辛。才以博而坚，业由勤而精。"

洪钟之孙洪楩，是杭州著名的藏书家、刻书家。洪钟六世孙洪昇，是清初著名的戏曲家，其名作戏曲《长生殿》脍炙人口，与孔尚任的《桃花扇》并称为中国戏曲发展史上的两座高峰。"南洪北孔"，誉满天下。洪氏家族不但对杭州乃至全国的文化贡献甚大，而且对五常一带成为"龙舟之乡"、"武术之乡"、"戏曲之乡"起了重要作用。

五常一带民风、民俗之盛，其功首推洪钟。洪钟晚年辞官还乡后，将当地的赛龙舟活动发展为端午节祈社福、祝丰年的"闹龙舟"节日社庆，以后闹龙舟又延至周边诸乡。相传，清康熙帝驾临高士奇的西溪山庄，适逢热闹非凡的"闹龙舟"，精彩的龙舟表演使得龙颜大悦，连声称赞"胜会！胜会！"并大赏龙舟。此后闹龙舟便称为"龙舟胜会"，成为周边10余里范围规模宏大的民间盛事。洪钟又将兵器与生产、生活用具相结合,形成练习"十八般武艺"的强身健体活动。这两项活动一直延续至今,扩展到周边各地。洪钟还出俸资,发起将洪家埭道仁土地堂扩建为道社庙,并发展为规模颇大、影响周边各地的道社庙会。

五常、蒋村以及仓前、闲林与之相邻的地方,西至蒋家潭河,北至余杭塘河,桑陌紧连,稻田成片,地理环境相同;耕田种稻,育桑养蚕,春产竹笋,秋产柿子,物产相似;鱼塘密布,食有鱼,居有竹,是名副其实的鱼米之乡,民间风俗习惯也大体相同。端午节五常龙舟活动也包括仓前、闲林和睦桥等地,通称"五常龙舟胜会",并与蒋村龙舟活动融为一体。其他如勾庄、三墩等地以及余杭区的其他地方虽也有划龙舟活动,但一般不参与蒋村、五常为中心的"龙舟胜会",龙船的式样、划法、相关的制度也有明显的区别。

[贰] 五常龙舟胜会的缘起与沿革

划龙舟的起源众说纷纭,最普遍的是纪念屈原说。此说最早见于南朝梁代宗懔的《荆楚岁时记》:"五月初五竞渡,俗为屈原投汨罗日,伤其死所,故命舟楫以拯之。"[1] 唐刘悚也称五月初五竞渡系"屈原初沉江时,其乡人乘舟求之,意急而争前,后因此为戏。"但他指明此俗"自襄州已南所向相传"。[2] 可见划舟纪念屈原是荆襄

---

[1] 梁·宗懔:《荆楚岁时记》。
[2] 唐·刘悚:《隋唐佳话》。

沅湘之举，而且看不出舟与龙的联系。

其二是纪念伍子胥说。战国时吴国重臣伍子胥遭谗，被吴王夫差赐死并抛尸江中，伍子胥化为涛神，人们于每年五月初五驾舟迎涛纪念伍子胥。《荆楚岁时记》对此亦有记载，并说明"斯又东吴之俗，事在子胥，不关屈平也"。[1] 宗懔自己也否定了江浙划龙舟的纪念屈原说。

其三是纪念曹娥说。东汉邯郸淳《曹娥碑》记载，曹娥之父曹盱，东汉汉安二年（143年）"五月五日时迎伍君逆涛而上，为水所淹"。《会稽典录》记载曹娥觅父尸投瓜于江，祷告瓜沉于父尸所在处。历十七日，投身于瓜沉处，抱父尸而出。后人以划龙舟纪念孝女曹娥。此说只是浙东的传说。

其四是勾践水师说。《事物原始·端阳》记载："越地传云，竞渡之事起于越王勾践，今龙舟是也。"《越绝书》也有越王勾践借嬉水竞舟之名操练水战，准备攻吴雪耻的记载。

此外还有端午划龙舟是纪念介子推的说法，无疑是北方传说的流入。

上述诸说，只有闲林民间流传范蠡、文种相会于和睦桥，与勾践水师说有些关联，五常龙舟胜会中的彩龙舟也颇似水师，其余各说无论从划龙舟的主旨、活动形式以及民间相关传说都找不到能与

[1]. 梁·宗懔：《荆楚岁时记》。

余杭龙舟活动相联系之处。不仅五常一带，余杭区内其他水乡划龙舟的习俗，都和农作、蚕桑有直接关联。据《余杭民间艺术大观》记述，清前期，塘栖一带配合"轧蚕花"习俗，于清明举行龙舟竞渡，舟上以童男童女扮演《打渔杀家》、《八仙过海》等剧目中的角色，不搞竞赛，尤似画舫。崇贤一带的龙舟活动起因有二：轧蚕花、驱瘟疫。五常龙舟胜会许多仪式都要用到丝绵，可见五常一带以及整个余杭的龙舟活动，都带有浓厚的农桑色彩。

龙崇拜、祈社福、祝丰年是五常龙舟胜会十分彰显的主题。五常一带流传的与划龙舟有关的民间传说，许多是赞颂为抗御自然灾害而献身的人和龙，隐含着古时人们抗御洪涝、干旱等自然灾害的顽强精神，也是这一带自然环境的侧面反映。

余杭的良渚文化，被称为中华文明之曙光。西溪西北10公里的卞家山良渚文化遗址，曾出土已经炭化的稻谷，表明良渚先民们在那时就已经种植水稻，并以稻米为主食。水稻种植离不开水，要风调雨顺才能取得丰收。先民们认为龙是一种兴云播雨、执掌天下旱涝之神灵，祀奉其为龙王。今余杭境内居民为百越的一部分。古百越族饭稻羹鱼，生活于水乡，离不开舟楫，自比龙的子孙，端午节就是他们创立的节日。闻一多先生认为：越人原本是个龙图腾的团族，端午节的起源与龙有着密切的关系，是古代的吴越一个以龙为图腾的团族举行图腾祭的节日。简言之，端午节就是一个"龙的节日"。

闻一多先生还说："龙舟竞渡应该是史前图腾社会的遗俗。"[1] 五常以北瑶山、梅家里等良渚文化遗址多次出土龙首形纹玉璜,说明良渚文化时期已经有了龙崇拜的观念。"水乡"、"水稻"、"龙"、"舟",这几个关键词的内在联系,就是古越百姓因农业而崇拜龙的明证,也可以说这就是五常龙舟活动的最早缘由。"国之大事,在祀与戎",为祈求丰收,在水中以划龙舟的形式来祭祀龙,是古越先民们合情合理的行为。

余杭气候温暖、雨量充沛、土地肥沃,适于农耕。水是农业的根

龙骨水车

[1] 闻一多:《端午考》。

本，但余杭水势无常，清嘉庆《余杭县志》记述："余邑苕溪建瓴而下。无以蓄之易涸，无以泄之则易涨。涸与涨皆为民害。"据史料不完全统计，南朝刘宋元嘉十三年（436年）至民国三十八年（1949年），大的洪灾即达五十余次；北宋淳化二年（991年）至民国三十六年（1947年），严重旱灾有二十余次。季节性的洪涝及干旱，更是不计其数。余杭一带旧时最主要的抗旱工具是龙骨水车，上面往往书有"深山老木化成龙，行到河边水便通"之类的祈水字句。洪水到来，也要祈求龙王免灾。人们显然将龙作为命运所系。

五常龙舟胜会这一名称，传神之处体现在"胜会"二字，"胜"不仅说明其况之盛，追述历史还能发现，龙舟胜会的盛衰与社会是否安定关系密切，龙舟胜会显然包含着社会稳定、祥和的意思。"会"不仅是龙舟云集，风云际会，还与庙会的"会"有着相似的含意。

旧时余杭各地流行迎神赛会，五常一带也不例外。五常有道社庙会、慈胜庙会、白庙包公庙会、观音庵观音庙会，仓前有张六相公庙会，闲林有李王庙会，古县城余杭有天曹庙会、东岳庙会、杨府庙会，等等。五常龙舟胜会带有浓厚的迎神赛会色彩，请龙王有似迎请神祇，龙王巡游相当于神祇巡游各村，送龙王与庙会结束恭请神祇归回本庙相同，不同之处只是龙舟胜会所迎之神是龙王，而非其他神祇。

五常龙舟胜会全过程围绕端午历时十天，连同小端午则长达半

月。按节气在小满至芒种，正是春花收获、水稻插秧时期。农事繁忙时期为何还要进行如此规模的活动？目的在于祈求雨水充沛。余杭农谚云："小满不满，芒种不忙。"意思是小满雨水不足，芒种难以插秧。插秧后还需要足够的雨水。水稻种植需要水，但也不能发生洪水，再忙也得向执掌旱涝的龙王祈求雨顺。五常龙舟胜会的种种程式，渗透着农业崇尚。请龙王、谢龙王最主要的供品称为"猪头三牲"，但"三牲"不用牛、羊，而是猪、鸡、鱼，这与重农相关。这一带的牛均是役用的水牛，是重要的劳动力。五常曾有立春"放早牛"的风俗，立春那天的黎明时分，将牛放出门外，任其啃食青苗，任何人不能嗔怪。旧时仓前，牛干重活后还用黄酒冲鸡蛋喂之。水乡的羊绝大多数是湖羊，稻草铺垫羊圈产生的栏肥，是传统肥源。本地的牛羊不能轻易宰杀，自然不能用作祭品。可见，祈求农业丰收是五常龙舟胜会的基调。

　　杭州一带最早见诸文字的端午竞渡是西湖和钱塘江竞渡，唐时已行。据《唐语林》记载：唐代崔涓守杭时"杭州端午竞渡，于钱塘弄潮。先数日于湖滨列舟舸，结彩为亭槛，东西袤高数丈。先期列舟于湖滨。"[1]宋时龙舟竞渡更为热闹，南宋周密在《武林旧事》中有龙舟竞渡的描述，只是并非端午。《武林旧事》中称"淳熙间……龙舟十余，彩旗叠鼓，交舞曼衍，粲如织锦。内有曾经宣唤者，则锦

[1] 宋·王谠：《唐语林》卷三·凤慧。

衣花帽，以自别于众。京尹为立赏格，竞渡争标。内珰贵客，赏犒无算……"。[1] 皇上还以龙舫赏赐大臣，"是时先朝龙舫久已沉没，独有小舟号'小乌龙'者，以赐杨郡王之故，尚在。其舟平底，有柁，制度简朴"。[2] 周密尝屡乘，则已是游船之类。这些活动虽是记载西湖，但五常一带与西湖近在咫尺，有西溪与西湖相通，不会不受影响。周膺先生在《钱塘望族》中说，西溪湿地的划龙舟活动兴起于唐代，南宋时较盛，洪钟退居故里后，为"庆丰年"、"祈社安"发起端午节"龙舟胜会"活动 [3]。这样的说法，结合文字及口碑资料是可信的。

清朝时，端午龙舟竞赛十分普遍。位于余杭区治临平的杭州余杭博物馆藏有一幅清人所绘的《赛龙舟图》，生动地描绘了当时龙舟竞赛的盛况，其中的龙舟式样及活动场面，与现今五常龙舟胜会大致相同。清康熙二十二年（1683年）编修的《余杭县新志》记载："端午为天中节……南渠及苕溪上下，群制龙舟为水嬉焉。"[4] 当时能够进入南渠及苕溪的龙舟，只有来自余杭东乡及毗邻的钱塘西乡，即今之仓前、闲林、五常、蒋村、余杭一带。

道光年间，西湖中龙舟竞渡溺死数十人，官厅因而禁止，不准复行。咸丰后杭州一带陷于社会大动乱，西湖端午节难以再现龙舟

---

[1][2] 宋·周密：《武林旧事》卷三·西湖游幸。

[3] 周膺：《钱塘望族》第119页。

[4] 清·嘉庆《余杭县志》卷三十七·风俗。

清代绘画《赛龙舟图》（现藏杭州余杭博物馆）

《赛龙舟图》细部：彩龙舟

竞渡的民俗景观，杭城之外的西溪一带农村虽仍延续着端午划龙舟的习俗，但也难免兵燹。清同治二年（1863年）八月，太平军"自仓前、长桥、女儿桥、老人铺、西溪……横至古荡，连营四十里以拒我师（指清军）"[1]。和睦桥、梧桐村、蒋村、护国桥、西葛巷等地皆为两军犬齿交错争锋之地。据五常老人相传，当地一艘满天障龙舟就是在那时候的战乱中被焚毁的。

抗日战争时期日寇"扫荡"，在和睦桥李家角掳掠了一条满天障

民国时的彩龙舟（赵大川提供）

[1] 清·秦缃业：《平浙纪略》卷五。

龙舟，龙舟上的行头被村民藏好而幸免于难。鬼子们把龙舟弄到了西湖里，待日本投降，此船下落不明。和睦桥云凤湾的满天障彩龙船则被村民沉入河底才逃过一劫，从而保存了有近二百年历史的旧物。仓前等地还发生汉奸敲诈、殴打划龙船群众的事件。到处鸡犬不宁，龙舟胜会根本无法进行。

1945年8月抗日战争胜利，次年端午五常一带恢复龙舟胜会进行庆祝。据老一辈回忆，这年端午和小端午，仓前、五常、蒋村、和睦参加胜会的龙舟和观众都达到空前的数量。

1964年开展"小四清"，1965年开展"大四清"，又称"社会主义教育运动"，划龙舟被认为与社会主义不符，开始以社会主义教育的名义劝阻划龙舟，民间有些人则以"纪念屈原，弘扬爱国主义精神"为理由进行抗争，继续划龙舟。1966年，史无前例的"文化大革命"席卷全中国，纪念屈原也不行，帝王将相就是"四旧"，划不划龙舟提到了阶级斗争的高度，到处收缴祖宗传下来的龙舟用品，烧毁龙舟旗帜，劈了龙头。当时在极左政治的高压下，和睦桥云凤湾的群众想方设法将祖传数代的那条彩龙船锯去龙尾，藏好龙头和配件，以积肥用船为名置于草木灰中。"文化大革命"结束后，这条具有近二百年历史、原汁原味的彩龙船才重见天日。"文化大革命"中不见了龙舟的踪影，也没有了比过年还热闹的端午节，龙舟胜会沉寂了十二个年头。

　　"文化大革命"结束后的1978年，仓前公社幸福大队（今五常街道永福社区）村民借用尚不敢恢复划龙船的邻村保存的器具，冲破某些大队干部的阻拦，率先恢复划龙船。因深恐以后借不到用具，破例在农历四月十六开划，后被邻村讨回自用，又赶制龙头，紧急"偷树"制作划桨，赶上了端午。这年端午前夕，紧邻五常的仓前公社红旗大队（今属葛巷村）村民也自发恢复划龙船，有的大队干部为

"文化大革命"结束后恢复龙舟胜会

避免因阻止不力被上级怪罪,下河佯作追赶,眼开眼闭地"放任"了划龙舟活动的进行。

1979年端午,划龙舟在更大范围内恢复,群众陆续拿出珍藏多年的龙头及相关物品,又划起了停驶多年的龙舟,村里的干部也从阻止划龙舟逐渐转变为支持划龙舟。20世纪90年代以后政府大力赞扬"龙舟精神"。这几年来,随着浙江省非物质文化遗产保护工作的开展,五常龙舟胜会这一个古老的传统民俗,其中所包含的丰富的文化内涵被挖掘整理,逐步公之于世。人们从传统文化的高度认识到龙舟胜会的价值,也促进了龙舟活动的蓬勃发展。

[叁] 五常龙舟胜会传说

五常、蒋村、闲林、仓前一带流传着不少与龙、龙舟以及旱涝相关的民间传说。流传最广的是小白龙的传说:古时候,有一条对父母十分孝顺的龙,被称为"孝白龙",又因音讹称之为"小白龙"。小白龙的父亲叫金华老龙,金华老龙奉上天之命,也管辖余杭的云和雨。有一年也不知道为什么事,余杭地方得罪了上天,上天迁怒于百姓,令金华老龙不准降雨,要大旱三年,饿死百姓。金华老龙眼见地上河水断流、庄稼枯干,百姓翘首看天,绝望而又无奈,也和余杭的百姓一样日难安、夜难寝,最后下了决心准备以死相争,抗命救民。一天晚上,金华老龙向夫人交代了后事,准备天明后就去余杭播云降雨,嘱咐夫人不要悲伤,要把小白龙好好抚养长大。这些

小白龙冒死降甘霖（徐仲年绘）

话都被小白龙听到，小白龙趁夜深父亲睡熟，偷偷离开龙宫，钻出东海飞上了天，代父亲从海上召来浓云，拼尽全身之力在云中上下翻滚搅动播降大雨，使河里水满，田地返绿，拯救了余杭百姓。上天闻讯震怒，在五月初五午时将小白龙腰斩示众。小白龙为民抗旨，死不甘心，身体前半截当即掉落在五常东边的蒋村深潭口，后半段却还在天上挣扎了八天，最后落到了和睦桥的十字港口。以后，每逢农历五月初五，蒋村、五常、仓前、闲林和睦等地群众都要赶往深潭口划龙舟以纪念这条孝义双全的小白龙，五月十三赶到和睦桥再次举行龙舟聚集献技的盛会。

另一个是有关金华老龙全家的传说：古时有一条金华老龙，擅

自为久旱的五常一带降了一场救命的及时雨，上天震怒，以亵渎天庭之罪将金华老龙一家三口满门抄斩。五月初五，金华老龙两夫妻被斩，其头分别掉落在仓前和蒋村深潭口两地，小白龙虽然大喊冤屈，可是群龙求情无效，在五月十三这天，也被株连杀掉，掉落在闲林和睦桥。人们把金华老龙全家被斩杀的五月定为恶月，金华老龙两夫妻被斩的五月初五及小白龙身亡的五月十三这两天定为恶日，两个恶日分别称为"大端午"与"小端午"。从此以后，当地百姓尊奉这一家三条龙为龙中之王，所以每年的"大端午"时龙舟胜会分别在仓前和蒋村深潭口两地举行；小白龙殉难日"小端午"，各地龙舟则赶往和睦桥相聚。划龙舟的这些地方还真的成了旱涝保收的江南粮仓呢！而且每逢小端午时，闲林和睦桥一带很少下雨。

与龙和雨有关的传说还涉及在余杭流传甚广的谶纬家李淳风。相传唐朝某年东海龙王做大寿，龟鳖鱼虾统统到东海向龙王拜寿去了，这一下苦了水乡打鱼为生的渔民。有一个打鱼很内行的老渔夫，这些天来从早起打到天黑，撒网无数次，可网网皆空。俗话说"十网九网空，一网就成功"，空网是常有的事。但天天毫无收获是从来没有过的，老渔夫觉得十分奇怪。眼见得家里快要断炊，实在没有办法，只好去请李淳风算一算明早去哪里才能打着鱼。李淳风掐指一算，拿起毛笔，就在黄纸上批下四个字 "鱼龙龙鱼"。老渔夫不解其意，再问，李淳风答："天机不可泄，明早你去某某漾潭打鱼便是。"

第二天一早，老渔夫按李淳风的指点，划船去了那个漾潭，打了一网又一网还是空网，一直打到第九网，才网到了他从未看见过的一条金黄色小鱼。继续撒网，撒到骨酸手软还是没个鱼腥味，只好收网回家。晚饭后一觉睡去，准备天明就去卖这条小怪鱼。

老渔夫睡觉之时，龙宫里正折腾了一夜，原来东海龙王做寿时，发现三太子小龙不在，放心不下，搜尽龙宫、海角，仍遍寻不得。最后还是乌龟丞相想到这三太子贪玩，可能出了龙宫，于是化作一老妪到人间访寻其踪迹。按龙迹一路找去，终于知道小龙趁大家乱哄哄替父皇祝寿时偷偷溜出龙宫，化为人身到人间游玩。小龙玩得正热，见了好大一块水面，就变成一条金色小鱼入水畅游，误入了老渔夫的网中。从此，这片水面被人们称为"误龙漾"，因为漾潭有五条河相通，像是五条龙相聚，后来传来传去就叫"五龙漾"了，这五龙漾呢，现在还在。

老渔夫去卖这条小金鱼，看的人都觉得稀罕，问的人络绎不绝，但日已近午，就是卖不掉。正在焦急时，忽然走来一老妪，见了小金鱼立刻浊眼放光，不问价钱，摸出纹银一锭交给渔夫，口中叨念："找得你好苦哇！我买了放生去。"

龙三太子被乌龟丞相带回到龙宫，东海老龙王见了龙鳞损伤的儿子，又喜又痛又怒，令其养伤，伤好后贬往金华。这三太子想今后

将被逐出舒适的东海龙宫，要到老远的金华去吃苦，都是老渔夫作的孽，明天干脆去杀了他。那一头，老渔夫得了一锭纹银，想想李淳风确实算得准，再找他算算，明日该到哪里打鱼去。老渔夫兴冲冲地到了李淳风那里。不料李淳风一算说："不好，被你打到卖掉的小金鱼便是东海龙王的三太子，明日他要来杀你了。"老渔夫吓得面如土色，大喊先生救我。李淳风想了一会，给老渔夫出了个主意："明日不能打鱼了，要装死，叫你老太婆哭丧，才能躲过此劫。"

第二天，老渔夫直挺挺地躺在渔船上装死，老渔婆跪在岸上一把鼻涕一把泪，更担心小龙来要了老头子的命，越哭越伤心，路人看看都心酸得要命。这时金华小龙已化作一乡村老叟来到了河边，和颜悦色询问原因。哭累了的老渔婆，不知老翁是金华小龙所变，把李淳风如何指点打鱼，又如何教老头子装死，自己害怕龙王太子要来报复，禁不住担忧而痛哭等等，说得清清楚楚。小龙听得七窍生烟，匆忙寻李淳风算账去了。

小龙气势汹汹，装作求卦到了李淳风的算卦摊前，劈头就问："明天要下雨吗？"李淳风心中早就料到他要来寻衅，就正而八经地卜算一卦答道："明日要下雨。"求卦者又问："如果没有雨怎么办？""一定会有雨的，城里落三分，城外落七成。"李淳风斩钉截铁。小龙也执掌余杭一带的雨水，出宫前根本没有收到明天降雨的指令，出口就打赌："好！一言为定，后天见，如果明天有雨我自刎，否则你要毁摊自杀。"李淳风神色坦然，颔首应承此生死大赌。

金华小龙得意洋洋地回到龙宫已近半夜，玉帝传旨，命他"明日降雨，城里落三分，城外落七成"。帝旨难抗，吓得金华小龙的瞌睡都醒了，翻来覆去总算想出了一个权宜之计：明日就去降雨，不过倒过来降，城里落七分，城外落三成，这样，大家都有出入，不算赌输。第二天，小龙就自以为是，按计在城里城外降了雨。

依照约定，第三天小龙大摇大摆地来到李淳风的摊前。这回是李淳风发话了："昨天不是下雨了吗？请自便吧！""你不是说城里落三分，城外落七成吗？怎么倒过来了？还是请你自便吧！"小龙的算盘是我错你错大家错，对冲过就大家都没错，于是就不慌不忙地如此回答。李淳风哈哈大笑："小龙呵！你擅改玉帝圣旨，城里应降三分雨，你多落了四成；城外该落七成雨的，你又少降了四分。城外雨不足，旱煞；城里雨太多，发了大水，害得城隍菩萨、财神菩萨、五圣菩萨等统统给冲到了沟里、河里。菩萨们上天告状，参你颠倒圣旨，违犯天条，使城外小灾，城内大灾，其罪当诛。玉皇大帝大怒准奏，要在明日午时三刻斩你示众。"这几句话直听得小龙目瞪口呆、魂飞魄散，才领教了此人不简单，要想活命唯有求他。于是赶紧跪倒在地，向李淳风拜求："小龙有眼无珠，还望先生救命。"李淳风想了想，扶起小龙，指点道："明日斩你的是魏徵丞相，你马上去求当今皇上，请皇上明日拖住魏徵，只要拖过午时三刻就没事了。"小龙拜

谢过李淳风，驾云直奔皇宫，见了皇上，大叫皇兄救命。皇上一听，不过是拖住丞相，小事一桩，满口应承。

第二天早上，皇上就把魏徵叫来喝茶聊天，午饭后又拖住魏徵下棋，可怜魏徵是另有任务的，走又走不了，冥思苦想，这棋也下不好了。眼见时限快到，只好让灵魂出壳，留下身躯靠在椅子上打瞌睡。皇上一看，睡就睡吧，反正过了午时三刻再让你走。过了一会儿，只见魏徵丞相满头大汗，天并不热，皇上感到奇怪，拿起扇子顺手就给他扇了三下，这汗就没了。午时三刻刚过，魏徵一个哈欠醒过来，第一句话就说："谢谢皇上赐我三阵龙风，追上了小龙。"原来，魏徵的灵魂出壳是去斩小龙，一个逃，一个追，追得大汗淋漓还追不到。忽然，三阵龙风助了魏徵，一下子追上小龙，一刀将小龙砍成两截。皇上暗暗叫苦，没能救得小龙，反倒助魏徵去追杀，实在问心有愧。皇宫里也因小龙阴魂不散，不得安宁。于是诏告天下，以划龙船来祭奠、超度小龙。这就是划龙舟的来历。魏徵斩龙的故事，古书中多有记载，这个传说显然带着通文字者所编造的痕迹，但也说明关于龙的传说，各个层次的人们都津津乐道。

还有一个传说，内容与洪水有关。据说古时有一个姓李的京官，在余杭视察民情后正要回京，碰到江南的黄梅天大雨不停，河水泛滥，五常、仓前、闲林和睦桥一带的圩田都被水淹没。这位姓李的京官爱民心切，乘船来察看灾情。船到和睦桥时，不料南面的山上出了蛟龙，洪水冲了下来，船翻人亡。死的这天是农历的五月十三，百姓感其为民丧身，在和睦桥为他造了李王庙，每年忌日，以划龙船来纪念这位为视察灾情殉职的清官。这个传说在余杭县的史书上是有原型的，五常西边十多里的余杭旧县城山西园，原有圣夫人庙，所祀是唐代余杭县令归珧的夫人。史料记载，归珧公而忘家，致力于余杭水利建设殉职，家人也死于洪水。归夫人遗体漂至山西园，女儿、老仆遗体被冲至余杭塘河 。人们把归珧的女儿遗体发现处称为"女儿桥"，老仆遗体发现处称为"老人铺"。女儿桥、老人铺都在五常北部不远的余杭塘河，是五常主要河道汇入余杭塘河之处。明孙应龙曾作《圣夫人庙》一诗赞之："三贤祠畔祀归、陈，庙祀复有归夫人。归夫人，真女士，大水垫吾民，偷生素所耻。嗟嗟！归公夫死尽人臣，妾死殉夫子，照见妾心有如水。嗟嗟！归公死，归公不死；夫人死，夫人不死。"[1]

　　一个关于焦尾巴龙的传说，闻之令人动容。相传很久以前五常一个小村中有一位美丽又勤快的姑娘，有一年，这位并未结婚的姑娘肚子突然大了起来，家人以为她得了怪病，请来名医诊治。那名医切完脉大吃一惊说，她没有病，是怀孕了，怀的是好几条龙！消息传开，大家十分惶恐，感到会有大祸降临。全村商量后认为为了村庄平安，必须除掉这些龙，于是胁迫姑娘的父母，把将要分娩的姑

[1] 清·嘉庆《余杭县志》卷六

娘带到楼上，床下楼板挖个洞，对着洞口的楼下架起一口大油锅，用柴将油煮沸。分娩中的姑娘哪里知道这些毒计，产下的小龙一条接一条顺着洞口滑落到油锅，被活活油炸而死。第七条小龙天生神力，就在尾巴着油时奋力跳跃，穿过楼板上的洞口又回到母亲体内，再从母亲口中飞出逃脱了。尾巴烧焦的小龙依恋着它的母亲，一边飞一边回头凝望，焦尾巴龙飞过的地方，河道形成了九个弯曲，沿途出现了七个荡漾，这片地方后来被称为"九湾七荡"，就是因为它回头了九次。

焦尾巴龙飞走了，第二年五月又飞回来拜望母亲，这时候九湾七荡洪水泛滥，房舍冲毁。大家害怕极了：焦尾巴龙每年都可能回

焦尾巴龙望娘十八湾（刘斌昆绘）

来，如何是好？人们去求那位姑娘，让她使焦尾巴龙不要再回来。焦尾巴龙的母亲顾及全村，去对小龙说，每年五月初大家会划龙舟来怀念你，看到龙舟，就像看到母亲一样，你就别回来了！于是每年五月初，五常一带就划起了龙舟。

五常龙舟胜会的小端午，还有文种和范蠡的传说。越王勾践被吴王打败退居一隅，十年生聚、十年教训，重用文种理国、范蠡负责军事，组建以龙舟为主要力量的水师，终于复仇雪耻，消灭了吴国。灭吴后文种、范蠡之间有了芥蒂。后来，文种与范蠡先后来到余杭，两人在和睦桥不期而遇，相逢后经过一番推心置腹的交谈，文种与范蠡都以国事为重，重归于好。当地百姓额手称庆，奔走相告，虽然端午节已过，却不约而同又划起了龙船，五月十三这天从四面八方来到和睦桥再次举行龙舟胜会以示庆祝。从此以后，每年的五月十三，和睦桥都按惯例举行龙舟胜会，当地人民把这一天称为"小端午"。

五常龙舟胜会的内容

五常端午节龙舟胜会植根于民间，在数百年的延续中，约定俗成，形成了一整套程式，为这一带百姓遵循并世代相传。五常龙舟胜会的程式与许多庙会内容相似，体现着求神祈福的愿望。大端午、小端午两度龙舟聚集竞技，展示着五常龙舟胜会的特色。

五常龙舟胜会的内容

[壹] 请龙王和龙王巡游

　　龙舟胜会之前，首先要扎龙船，就是把平时所用的农船加以装饰，成为龙船。近些年，有的村庄生活、生产不再置备农船，就向拥有较多农船的村子租用。满天障龙舟则是将各种构件装配起来，装上饰物。扎龙船一般在端午前一周至十天进行，届时村内敲响锣鼓，大家都会主动赶来参与。扎龙船的最后阶段，也是最隆重的程序，是请"龙王"上船，称为"请龙王"，即在船头安装龙头。普通龙船及半彩龙船的"龙王"绝大多数是个木雕的龙头，彩龙船的龙头则用竹篾和绸布制作。早先贮放在宗祠里，后来祠堂拆除或充作他用，就存放在主事者供奉祖先牌位的家堂之上了。如今和睦桥云凤湾那条最古老的满天障龙船，平时仍安放在祠堂改建的屋内，端午临近时才取出装上配件。

　　请龙王要举行隆重的祭龙仪式。请龙王的仪式，一般在端午节之前一周到十天。个别在农历四月二十四这天举行，会被人们不无讥讽地称为"食嘹（贪吃之意）龙船廿四划"，当然不能更早。请龙王时，划龙舟的主事者带领一班人，敲锣打鼓，拿出绣有云、龙图

请龙王仪式（吴正贵摄）

形的旗帜，穿上旗杆分立在门口两边，然后架起双梯（采摘桑叶的一种农具），从家堂上或所"隶属"的祠庙中请下龙头，龙头必须朝南安放在堂前置于有各式供品的八仙桌上。请龙王时众人必须恭敬地立于供桌前，两旁竖立头档划桨，然后燃起香烛，众人依次双手持香于胸前，虔诚地弯腰三拜，将香插在香炉中，称为"敬香"。敬香后还要跪在八仙桌前地面装有砻糠的袋子上叩拜。

祭祀龙王的主要祭品是"猪头三牲"，但五常一带的三牲没有牛和羊，而是猪头、鱼和大红雄鸡，雄鸡尾部必须保留三根最长的羽毛。鱼和雄鸡代替牛和羊，体现着江南水乡的饮食特色。此外还有千张、豆干等菜肴以及糕点、果品、酒和粽子。以往祭龙王所用的酒是糯米酿制的甜酒，为水乡农村所特有，现多采用黄酒。祭祀

祭龙王用的"三牲福供"

龙王的应时果品，早先只有枇杷、李子及一些小瓜果，后来也加用红枣、桂圆等干果。糕点就用云片糕、小桃酥、绿豆糕、麻酥糖等。

粽子是重要的祭品之一，余杭的粽子用箬叶裹成，形状有两种，都有四只角。古时称粽子为"角黍"，大约源出于此。两头各有两只角的粽子叫斧头粽，平常吃吃可以，但不能作祭品使用，祭祀龙王用的是上面一只尖角、下面三只角的锥形尖头粽。祭祀龙王，要用六串粽子，取四、六、二十四等成双的吉祥数字。四只一串的粽子竖放，尖头朝天。旧时祭品分别用红漆小木盘盛放，这种专置食品的木盘俗称"桶盘"。现在都用瓷盘或搪瓷盆了。

焚香点烛、持香跪拜是余杭人祭祀祖宗的一种大礼，用敬祖宗的大礼来祭拜龙王，其实质就是信奉"龙即祖先、祖先即龙"，祭祀龙王就是祭祀祖先。供龙享用的祭品，据说能祈来福气，人们分食时，就沾上了"龙福"，因此又称为"福供"。

敬香完毕才可从八仙桌上请下龙头，双手捧在胸口，龙头向前，锣鼓声中由云、龙二旗开道，直达河埠。然后是"披红"，组装好龙船的所有部件，装上龙头，插上龙角，还要在龙角缠上象征吉祥如意的染红丝绵，称为"披红"。能给龙舟披红，历来被视为一种荣誉，村民往往早日准备好染红的丝绵兜，在锣鼓声中，争先恐后地将丝绵兜缠在龙头上，缠得一层又一层。披红后在炮仗声中，龙船船头燃起一对小红烛，再由乡绅或权威人士持毛笔蘸上清水，在两只龙睛上点一下，象征着龙睁开了眼睛，叫"点睛"。

"点睛"后才能去"揉漾"。"揉漾"就是龙舟到村前河中或附近某一个漾面试划，实为划龙舟的热身活动。龙舟乘员依次上船，各司其职，

请龙王仪式中为龙头披红（吴正贵摄）

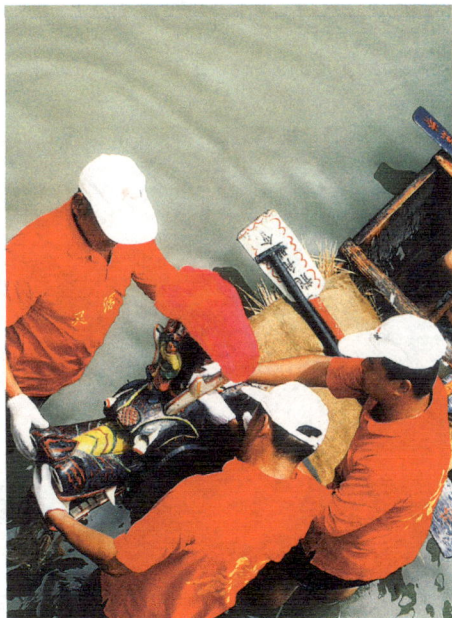

将龙请上船

村中男女老少聚集在河埠或桥上，犹如送别出征的亲人。在开划的锣鼓声中，龙舟向附近水面较宽、河水较深的漾潭进发，演练一系列动作。揉漾是一个熟悉水性、检验龙舟性能的过程，经过验证没有问题，才可以前往各村庄巡游。

巡游就是按既定路线将龙舟遍划各个村庄，标志端午节的龙舟活动开始，营造龙舟胜会的社会气氛。巡游路线各龙舟会自行选定，一般多选择沿途商铺和亲朋好友较多的线路。仓前一带的龙舟，有的还沿余杭塘河进入县城（今余杭镇），大多至南渠河葫芦桥西折返，这个地方因此被称为"龙船头"。

余杭水乡港汊如网，农户大多临水而居，人们的生活、生产近

龙舟巡游

水亲水，有的几家合建一个河埠，有的一户建一个河埠。人们认为龙
舟来到村庄，将护佑此村在这一年中平安祥瑞、风调雨顺，水稻丰
收、蚕花茂盛。因此，村民们都引以为荣，而且多多益善。闻锣鼓声
而来的男女老少早就在各自的河埠上候迎龙舟，龙舟进入村庄，必
须从村头至村尾来回划三趟，再靠拢各家的河埠。旧时，龙舟划向
颇有讲究：村内主要河道若为东西走向，龙舟必须首先从东向西划，
河道若为南北走向，则必须由北向南划行，现已不太讲究。龙舟在河
埠前划完进、退、掉头等三套动作，早有准备的主人就在河埠上放
好礼物犒赏龙舟，犒赏是"犒劳"之意，纯为自愿，而且切盼龙船来
收取。龙舟到来时有的人家因事在外，回家后还会主动去补送犒赏

龙舟收赏

物。因此，对接受犒赏正规的称呼是"收赏"，不能说"讨赏"。一般而言，每条龙舟在同一个村庄一年只能收赏一次，只有大、小端午都参加龙舟胜会的，才可以在小端午前再收一次赏。主要的犒赏物是大米，以前也有用豆、麦的。犒赏物放在红漆桶盘中交给龙舟的随从避艄船。避艄船水手收取赏物前要燃放炮仗，敲起欢快的锣鼓。收下犒赏后，必须在桶盘中放上一份上面印有"龙舟胜会"的大红谢帖。收受赏米必须以拇指按住几颗米粒，在桶盘中留下一些表示吉祥的"蚕花米"回馈给主人，祝福主人蚕茧特大丰收，称为"蚕花廿四分"。盘中赏米千万不能取得一粒不剩，以免犯了"完"、"光"等禁忌。主人将各条龙舟的谢帖端正地粘贴在堂屋正位的壁上，以多为荣。带回的"龙舟米"则立即放入家中米缸，据说龙会生米，米缸能始终保持丰盈。如果是主人至亲的龙舟到来，犒赏品会特别丰厚，放米的桶盘上要加上红包，还得扛上一坛米酒，并为龙头"披红"。五常一带不少地方村与村甚至镇乡之间田地互相穿插，有的还形成飞地，就近村庄对前来劳作的外村人往往予以方便，热情招待，久而久之形成不是亲戚、胜似亲戚的特殊关系，称为"田邻舍"。龙舟胜会时田邻舍的龙舟到来，要视同至亲予以同样丰厚的犒赏。对于比较丰厚的犒赏，龙舟的划手们要燃放较多的炮仗，锣鼓敲得特别久，表达非同一般的谢意。这"犒赏"与"收赏"的互动总称为"赏龙舟"，"赏龙舟"所得是龙舟胜会活动重要的物质基础。

认龙祖

　　赏龙舟时如果某户人家有尚未见过龙舟的男稚童，主人会抱出小孩献上红丝绵为龙头披红，并将稚童交给龙舟左舷的第一划手，由划手逐个向后传递。至舟尾踩艄者后，再转向右舷向前，最后由右舷第一划手交还给主

龙舟水洗门槛

人，龙舟锣鼓声伴随着小孩在龙舟中被传递的全过程。这递转一圈的仪式，称为"认龙祖"，意味着他从此就是龙子龙孙了，老祖宗龙王爷将会保佑他平安、健康地成长。"认龙祖"的家长，所封的红包

更为丰厚。犒赏龙舟后，村民们往往在河埠上拿着手提木桶，交给龙舟划手讨取"龙舟水"，由龙舟划手舀取舟内的"龙舟水"递给村民，村民带回家，用"龙舟水"清洗自家的大门和门槛，据说可以消灾避祸，因为有龙王护佑此家，各种毒虫及瘟疫不敢进门入户。

[贰] 大端午小端午盛况

五常一带端午节的龙舟胜会一年一度，但有两次龙舟汇聚献技的胜会高潮。农历五月初五，称为"大端午"；农历五月十三，称为"小端午"。大、小端午分别有不同的龙舟聚集地。大端午时龙舟汇聚于蒋村深潭口、五常浜口、仓前集镇的余杭塘河，小端午时则只有闲林和睦桥一地。时间、地点均约定俗成，年年如此。

农历五月初五，五常及周边地区的龙舟分别向蒋村深潭口的石塘角、五常浜口、仓前集镇的余杭塘河汇聚。以前前往五常浜口的龙船无论何处都要先去石塘角然后再回到五常浜口，因此五常浜口划龙舟的高潮要推迟一些，约在下午二时左右。这些龙舟不分行政区划，去蒋村石塘角的有来自五常、仓前、闲林的龙舟；前往仓前的，也有五常、蒋村、闲林的龙舟。五常浜口以前的水道不够宽，旧时龙舟大多来自相邻乡村。汇聚仓前的龙舟要先划至集镇对岸的南庙报到，然后去镇南的余杭塘河中亮相。汇聚石塘角的龙舟则先到各自的管辖庙中报到。除全彩、半彩以外的各种式样龙舟，先来先划、后到后划，在特定的河段中来来回回。各地龙船汇聚，包含着群龙相

五常浜口大端午赛龙舟

浜口观胜桥看龙舟

仓前大端午赛龙舟（吴正贵摄）

仓前余杭塘河两岸观龙舟的人潮

会的意思，故称"龙舟胜会"。"龙舟胜会"上各条龙舟分别展示实力，比赛水上功夫。浜口、石塘角、仓前塘河汇聚的龙舟，一般各有七八十艘至上百艘。随着中午临近，龙舟越聚越多，两岸观赏人群越来越密。龙舟上的鼓点也越来越紧，开始出现你追我赶、展示各种技巧的场面，称为"憋标"。"憋"是五常一带的方言，意为追赶、比赛。2006年后，五月初五大端午五常的龙舟聚集地稍有改变。是年五常港以东的西湖区蒋村乡境内开始实施西溪国家湿地公园一、二期工程建设，该区域以西五常、闲林、仓前的龙船很少前往蒋村深潭口。以后五常浜口河道拓宽，已能容纳更多的龙舟，五常浜口成五常港以西镇村参加五常龙舟胜会龙舟最集中的地方。

　　农历五月十三这天，再次出现龙舟胜会的高潮。各地龙舟从四面八方赶到闲林镇的和睦桥，在和睦桥又一次举行龙舟汇聚竞技，盛况不亚于五月初五。而五常、蒋村、仓前则不再举行。农历五月有"大端午"、"小端午"，分别进行两次龙舟会聚献技，是五常一带特有的习俗。

[叁] 谢龙王和龙船酒

　　龙舟胜会最后阶段是"谢龙王"，又称"散龙王"，也是祭龙的仪式，又是举村庆祝龙舟胜会圆满结束的盛宴。一般在端午稍事休息后一两天进行，若还要参加和睦桥的小端午，则在小端午后一两日举行。谢龙王时燃放炮仗，用龙舟锣鼓把龙头请离龙舟，缠上红

闲林和睦桥小端午赛龙舟

和睦桥小端午观龙舟人群

丝绸请回家，面南放在酒宴正厅的八仙桌上，供奉猪头、鸡、鱼及果品、糕点、粽子、米酒等，鸣炮，燃起香、烛，焚化锡箔折成的银锭，依次跪拜，感谢龙王护佑村庄。

迎回龙王，就是摆酒席欢宴，称为"吃龙船酒"。除村内的人外，外村犒赏特别丰厚者也被特邀参加。新中国成立以前，只有男性才有资格吃龙王酒，额头上还要用雄黄调酒写上"王"字，现今女性也可以上龙王酒席，龙王酒中不再放雄黄，额头也没有人涂上"王"字了，这也反映出时代的一种进步。龙船酒由该年龙舟活动主持者负责操办，费用从收赏所得及村中各家赞助中开支，是村内每年的盛事之一。采购物品的称为"采买"，司厨以往多由村内烹调手艺较好者充当。采买和司厨必须是村内公认无劣迹者，被选中者往往有荣誉感。酒席丰盛程度以量入为出为原则，旧时一般为八种菜肴，每桌八座。20世纪90年代起农村生活水平不断提高，龙船酒办得越来越丰盛，大多聘请厨师司厨，

参加"吃龙船酒"的外宾

酒席使用大圆桌，每桌一般设十二座，菜肴甚至多达二十余种。

吃罢龙王酒，最后的一个仪式是"龙王散福"，又称"散龙王"。这时，人们

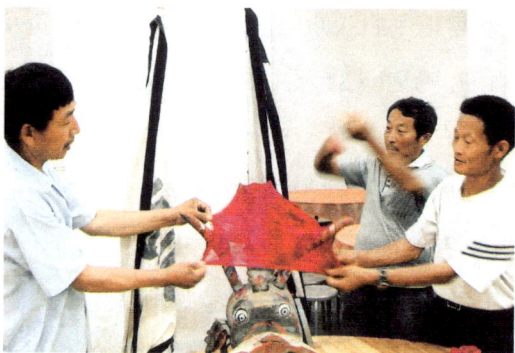

都会从龙角上扯下一小条红丝绵，同时将自家带来的红丝绵换于龙角上。扯下的红丝绵带回家中珍藏，待秋凉时给小孩翻入棉衣

龙王散福

中。红丝绵必须翻入棉衣中的心窝位置，据说可托龙王之福，健康成长。

散龙王后收藏好龙头及其他一应物品以待来年，如果是轮流担任主持龙舟活动的，散龙王后要敲锣打鼓将龙头和两把头档划桨、行头送往下一年的主事家庭，抵达该户时，户主要举行隆重的接受仪式，仪式内容与请龙王相似。特别贵重的满天障龙舟，要建造专屋存放，每逢农历初一、十五，或村内逢大事时，还会派专人守护，供奉香烛。

闲林水乡云凤湾的满天障龙船还有一种特殊的"谢龙王"：竹编的彩龙船龙头用到十分陈旧，需要更新时，也要举行仪式，点燃香烛祭拜，然后将旧的龙头焚化。这种仪式又称"送龙王"。

[肆] 龙舟胜会中的禁忌

龙舟胜会是一项带有祭祀色彩的集体活动，又是一项体能消耗甚大的剧烈竞技，而且在水中进行，具有一定的安全风险。由于中国的传统习惯，女子不但不能参与划龙舟，以往连喝龙船酒也不能入席。改革开放后，妇女也参加谢龙王时的宴会，但由于传统和体力、水上安全等因素，五常一带一直没有女子参与划龙舟。2011年端午，五常西溪湿地西区举办"中国名校龙舟竞渡"，有数名大学女生参加，为五常龙舟胜会首次出现女划手，但并非本地龙舟。

龙舟胜会是一项自觉参与的群众活动，进入胜会期间，龙舟锣鼓响起，力能胜任的男丁都会自动前来参与请龙王、扎龙舟。旧时普遍认为参加划龙船有龙王保佑，有些不谙水性的人不愿放弃划龙船的机会，其他人也不便劝阻，更不能拒绝，少数地方因此发生人身伤亡事故。20世纪60年代后，人们的认识水平提高，参加划龙舟活动也量力而行了。由于水上活动有一定的风险，指名道姓要某人参加活动还是禁忌的。以前有些地方还有特殊的禁忌：一旦划龙舟中发生涉及生命的事故，这个村庄会将龙头劈开烧掉，若干年内不划龙舟。但不会永远停止，因为不划龙舟村内难以"发水"（兴旺的意思）。五常西面几公里的张庙前自然村，清光绪末就发生过此类事件，停划数年后又恢复。

请龙王、谢龙王时，粽子是必备的供品，五常一带习俗，必须用上面有一只小尖角、下面三只大角的锥形"尖头粽"，忌用长方形、两头扁平的"斧头粽"。粽子置于红漆食品盘时应尖头朝上，排列整

齐。参与人员都要虔诚上香叩拜，不得大声喧哗，更不能抚摸龙王的胡须，否则会激怒龙王，招来龙王的惩罚。

请下龙头，要敲锣打鼓走向龙舟，将龙头安放在龙颈上。还要在龙角上缠绕表达崇敬、象征吉祥的红丝绵，点燃红烛插于龙舟船头，鸣锣鼓、放炮仗以"唤醒"龙王，然后相关人员才能登上龙舟。登上龙舟后必须端坐或正立，忌仰面躺于舟中，也不能随意行走喧哗。龙舟划离河埠时，必须鼓乐大作，炮仗齐鸣，使气氛达到高潮，无声无息地划离是禁忌的。

龙舟胜会中有不少语言禁忌，进入龙舟不能称"落船"，必须称"上船"；划龙舟时船舱漫水，不能呼喊"船要沉"，应以"满舱"称之；龙舟侧翻时不能称"翻船"，要称"进水"；乘员掉入水中不可称"落水"，要称之为"起水"。

划龙舟发生特殊情况，必须保持镇静，切忌慌乱。一旦发生"满舱"、"进水"时，应有条不紊，从头档开始，两侧划手分别抓住左、右船舷从容滑入水中。操使锣、钹者要紧紧拿住这些响器，不让它们掉落。踩艄者应最后进入水中，然后大家一起将龙舟推至岸边，晃出舱中的水后，用容器戽干。掉入河中的物品，由避艄船捞回，龙舟上的人员不必顾及。恢复正常后必须燃放炮仗，重振鼓乐，此时划手们要更为激昂奋进，不可偃旗息鼓，更不能退出胜会。

龙舟巡游时，抵达某个村庄时必须在村庄内从头到尾划上三个来回，忌一划而过。到河埠收取犒赏时，必须徐徐进退，逐渐靠近。村内各户以龙至为福，视犒赏为荣，龙舟到来而一毛不拔者会被他人鄙视，因而列为禁忌。犒赏物的数量和价值，划龙舟者也不能计较。收取犒赏后，必须燃放炮仗，送上谢帖，忌一收赏物掉头就走，更不能将赏米收得一粒不剩，否则不但为人讥笑，还会招致赏主愤怒。

村中有人将小孩"认龙祖"时，孩子必须先由左舷第一划手接住，逐次递至船尾转向右舷传递，最后由右舷第一划手抱回家长手中，次序不能颠倒。

龙头是一条龙的象征，满天障龙舟可谓龙中至尊，闲林水乡的满天障龙舟有"一个村庄不能配置两个彩龙头"的规矩。据称，同时有两个彩龙头，双龙相争反而不能庇佑村庄。因此只有其他地方相请才编织第二个龙头，织成后必须尽快被请走。

[伍] 龙舟活动民俗事象

龙舟胜会中"请龙王"、"龙披红"、"谢龙王"、"龙王散福"等一系列仪式，实际上都是崇敬龙王的表达。男性幼儿"认龙祖"是以龙为祖宗，希望求得龙的护佑，家家户户要讨取"龙舟水"清洗门槛，仰仗龙的神威辟邪祛祟。在龙舟巡游村坊的活动中，村民们主动犒赏龙舟，若为龙舟成员的至亲，还给予巡游龙舟最高的礼遇——给龙舟披红，即在龙角上缠上红丝绵。五常一带戏称已

确定关系但尚未成婚的准女婿为"毛脚女婿"，对"毛脚女婿"所在龙船的犒赏要特别丰厚。

凡是给龙舟披过红的，该龙舟会递上请帖邀请其参加谢龙王的龙船酒。对于一般封赏者则递上谢帖，上书"某某龙舟胜会司事同拜"，谢帖代表着某条龙舟，也是龙的象征，被受家视为吉祥物，以前系刻成木戳，盖在红纸上而成，现多打印制作。

龙舟"谢帖"和印戳

五常龙舟胜会活动期间，还有许多其他习俗，如端午节时吃粽子，吃"五黄"（即黄鱼、黄鳝、咸蛋黄、黄瓜以及饮雄黄酒）。雄黄以外的"四黄"，是应时佳肴，较为贵重，用于祭龙，是表示对龙王的尊敬，也是尝鲜。雄黄酒用于辟邪，除饮用外，还在墙角门后、床上床下喷洒。小孩的额头用雄黄酒写个"王"字，头戴老虎帽，脚穿虎头鞋，身佩绣有降服蜘蛛、蛤蟆、蜈蚣、蛇、蝎"五毒"的历本袋，挂上各种形状的五色绣香囊。女孩们的发辫上，还要插戴带有老虎图案的小物件，称为"忌日老虎"。旧时端午家长给小孩吃蜘蛛蒸蛋、将癞蛤蟆剥皮后煮食，据说是以毒攻毒，吃了后夏天会免生疮疖、少生痱子。各户在自家的大门门楣上插挂菖蒲、艾叶、带叶桃枝、大蒜头，据传可以辟邪，实为环境消毒。近几十年科学知识普及，认识到雄黄、蛤蟆有毒，已不再使用，佩挂辟邪物也几乎看不到了。

　　端午吃粽子是最突出的民俗。粽子的主要原料是糯米，淘洗后略过几分钟，待糯米不粘手就可使用，先将箬叶卷成锥形，一手圈住，尖头向下，另一手抓一些糯米放入。甜味粽用红枣、莲子、赤豆、上年晒干的老南瓜丝等作馅料，放满糯米，按实后包扎。咸味的粽子比较讲究，糯米淘洗后要拌入酱油，粽子馅采用酱油渍过的鲜肉和去皮蚕豆瓣。传统包扎糯米粽用的必须是一根糯稻草，民间认为稻草也是辟邪之物。[1]包扎时稻草将粽体、拇指一起扎住，然后抽出拇指留出空间，稻草的根部塞入空间后再抽紧，这样形成的结称为"别别结"，既有足够的牢固度，吃时剥开又十分方便。尖头粽每裹好四只，将粽子上方的稻草尖顺手打结连在一起，咸粽与甜粽打的结式样不同，以便分辨。四只粽子连在一起叫一串，取放时很方便，煮好后从锅子中拿出不会烫手。作为祭品的粽子，也有用五色

裹粽子　　　　　　　　　　端午用的尖头粽

[1] 郑小江主编：《中国辟邪文化》第189、190页。

彩线包扎的，以示庄重，也包含辟邪的意思。比较讲究的粽子称"灰粽"：将桑柴灰以水拌之，滤去灰渣后取碱性汁水浸泡糯米而成，其色呈灰黄，味、香独特。裹尖头粽子只用一根稻草，但相当结实，吃时一抽便可剥开粽叶。粽子要文火焖煮一夜才能熟透粽心，剥开时香味扑鼻，咬嚼时特别有滋味。四只尖头粽子连在一起称为一串，送人时常以串计。吃粽子贯穿着从"请龙王"、划龙舟、"龙王散福"的整个龙舟胜会活动，隐含依托龙福、共享劳动成果的意义。

端午，正是梅雨将过、盛夏将临的时候，端午吃"五黄"、佩历本袋、挂香囊、戴虎头帽、穿虎头鞋及插菖蒲等风俗，以及五月和五月初五为"恶月"、"恶日"，实质上是与疾病流行季节相联系，辟邪避灾之举，其中不少堪称原始的卫生习俗。

"歇夏"也是当地的一种风俗，龙舟胜会结束，意味着炎夏的到来。嫁出的女儿都要回娘家去歇夏，又称"消夏"，有了儿女也带上，让孩子也去外婆家玩上一段时间。

龙舟胜会活动期间还有一种民间习俗：临近端午，丈母娘去女婿家探望新出嫁的女儿，称为"赞节"。"赞节"之举在农历五月初一至初四的四天内均可，丈母娘必须带上毛巾、扇子、粽子三种礼物前往，其中毛巾及扇子送给女婿和亲家以及女婿的舅舅、姑父各一份，粽子除上述亲戚外还得送遍左邻右舍。端午赠扇宋时已有之。周密在《武林旧事》中记载，南宋时皇帝在端午节赏赐后妃、近侍的物品中包括"金丝翠扇"。

　　龙舟胜会结束后，要对
船只进行检修、保养。先将船
扛上岸晾上一段时间，使之干
燥，待入秋后整修船内外的损
伤之处，并对整条船用桐油
涂抹保养。据水乡的经验，晾
至入秋才能完全干燥，桐油
才能渗入木质，起到较好的
抗腐蚀效果。

端午辟邪饰物制作

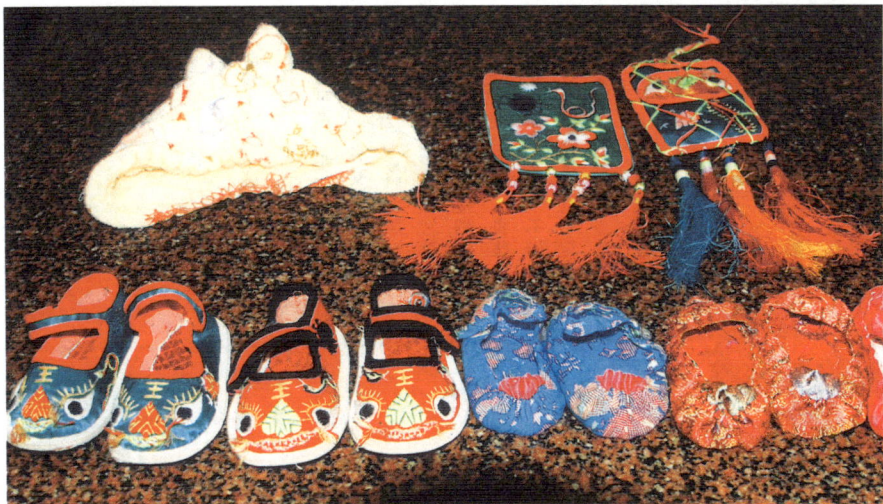

端午辟邪饰物

五常龙舟胜会的特色

五常龙舟胜会中，数十艘甚至百余艘龙舟异彩纷呈。龙舟按功能可分竞技型、观赏型两大类，每大类按精美程度、地域差异又分若干小类。数量最多的是「赤膊龙船」，各个村庄发挥自己的想象和智慧，表现出自己的特色。龙舟按划法分为文划、武划两类。文划龙舟优雅文静，武划龙舟粗犷豪放。不同种类的龙舟配备的乐器和音乐节奏也有差异。众多龙舟各显其长，增添了龙舟胜会的热闹欢庆气氛，也给观赏者提供了诸多审美空间。

五常龙舟胜会的特色

[壹] 龙船会——龙舟胜会的组织

　　五常龙舟胜会是以自然村为单位,群众自发的大型文化体育活动,活动的组织者纯由民间推举,自然形成。龙舟胜会结束,使命完成,这些组织也就自然终止。

　　参与龙舟胜会以龙舟团队为基本单位,一般以自然村为单位组成一条龙舟,也有较大的自然村分置数条或较小的几个村合置一条龙舟的情况。每条龙舟相应有一个按自然村冠名的"龙舟胜会",是端午期间龙舟活动的组织名称,又称"龙船会"。据曹云先生调查,旧时五常的龙船会还有"青龙会"、"黄龙会"、"赤龙会"、"得胜会"等会号。龙船会决定是否添置有关器物,请龙王、谢龙王的日期及巡游路线,负责安排龙舟活动各种事项。各个龙舟胜会是独立单位,没有纵向的隶属关系,不受行政支配。20世纪50年代前,龙船会一般都是族中长辈或乡绅主持,以后就由村中群众信赖的人士负责,称为"龙船头",龙船头组织操办班子,其成员称为"司事"。标志龙舟胜会结束的龙船酒会上,由龙船头将所有收支口述说明。有的地方还会列出明细账,张榜公布,此榜称"明心榜"。明心榜有两重意义：一是将所有出钱出物的赞助者、赞助数目一一公布，以扬其善。二是将一应收入（包括赏物变卖情况）、支出公布明白，以作交代。龙舟胜会过后，如有余款则用于购置和修理划龙舟的相应用具和材料，或移作下年使用。有时也用于修桥、铺路之类的地方公益事业。当

明心榜

年准备参与某项社会公益活动的龙船巡游时往往多划几天，以筹措较多资金。20世纪80年代起，许多地方以几户为一小组，分为若干小组，抓阄决定顺序，每个小组主事一年，第二年由后面的小组自动接任，这种方式产生的主事者已不再称为"龙船头"。

[贰] 五常一带龙舟的种类

五常龙舟按式样分"赤膊龙船"及"彩龙舟"两类。赤膊龙船指没有牌楼、亭阁等装饰构件，仅有一个龙头和几面简单旗帜的龙船，犹如人之未穿上衣，故谓之"赤膊"。也有人称余杭龙船装饰最为简单，早先的乘员一律不穿上衣，所以称为"赤膊龙船"。后来大多数

划手都穿上衣，就成了彩龙船以外的龙舟的通称。

按照用作龙舟的船只及划龙舟的风格，赤膊龙船可分为"余杭龙船"和"钱塘龙船"两种；彩龙舟分全彩、半彩两种，分别称为"满天障龙船"、"半天障龙船"，"障"是遮蔽的意思。无论何种龙舟都有一条小船紧随其后，称"避艄船"，也称"收赏船"。赤膊龙船的避艄船不加装饰，直接用俗称"小划船"的农村家用船充任，与其他农船的区别一是小，二是没有安橹的支架，平时使用时只能划不能摇，以前几乎家家均备。彩龙舟的避艄船稍大，其中满天障龙舟的避艄船还安装竹篾棚盖，可以遮风避雨。避艄船的任务是收取赏物、装载划龙舟的备用器物、搭乘替补划手。一旦龙舟侧翻时还用以救

龙船的避艄船

钱塘龙船

援，掉入水中的物品也由避艄船捞取。

赤膊龙船是余杭龙船、钱塘龙船的统称，都用当地的农用木船临时改装而成。用余杭风格农船改装的就叫"余杭龙船"，用钱塘风格农船改装的就叫"钱塘龙船"。旧属钱塘县的五常、蒋村，绝大部分是钱塘龙船；旧属余杭县的仓前、闲林，除了与五常毗邻村庄用的是钱塘龙船外，大部分为余杭龙船。赤膊龙船即使十来户人家的小村庄也有一艘，每年龙舟胜会，无论五常、蒋村还是仓前、闲林，大显身手的龙舟队伍中赤膊龙船的数量占绝对优势。

余杭龙船、钱塘龙船虽然大同小异，但仔细探究还是有所不同的，内行一看便能区分。改为余杭龙船的农船长约7.1米，宽约1.45

戏称鸭嘴巴龙船的余杭龙船（前部）

米，中舱深约0.43米，载重量约1.2吨，用隔舱板隔成前、中、后三个互不相通的分舱，船尾还有一个可供存放物件的后舱箱。钱塘龙船比余杭龙船略大，长约8米，宽约1.45米，中舱深约0.47米，载重量约1.5吨，全船也隔成三个分舱，但不设后舱箱。

龙船前部的挡水设施起着激发水浪的作用，也是余杭龙船、钱塘龙船较明显的区别之处。余杭龙船用的是木制挡水板，固定于龙颈（俗称"龙拐"）前约0.4米的船头上。挡水板前写着该龙舟所在的自然村村名和"龙舟胜会"字样，是龙舟的属地标识之一。钱塘龙船没有挡水板，事先挖取黏性很强的青紫泥，经踩、甩、揉等工序加

乌龙船（吴正贵摄）

强韧性，直接粘糊在龙颈上，不但能挡水，还可固定龙颈。钱塘龙船前舱常备有这种泥巴，以便被冲刷时随时补充。泥的重量使船头略重，从而使船尾稍稍上翘，有助于踩艄者将浪花激得更高，也使龙头更贴近水面，增加"吐水"的逼真感。

余杭龙船、钱塘龙船两种龙船的区别还在于龙头的造型和色彩。余杭龙船龙头雕刻比较粗糙、简单，龙嘴扁平，光而无须，龙头有点像狗头，龙嘴酷似鸭嘴，故又称"狗头龙船"、"鸭嘴巴龙船"。早时余杭龙船的龙头色彩单一，只涂一种青黑色颜料，称为"乌龙船"。闲林镇的浪河里以划这种船出名，号称"十八只乌龙船"，被认

为是最早的余杭龙船式样，所以余杭龙船有时也通称"浪河龙船"。钱塘龙船龙头雕刻一般较余杭龙船精美，色彩多样，龙头、龙角较余杭龙船的稍大，龙肩也较宽，龙嘴下装有苎麻制成的长须。五常顾家桥村的一艘龙舟别出心裁，龙须用珠子串成，称为"珠子龙船"，龙舟胜会上引人注目。

余杭龙船和钱塘龙船都有十二名水手，其中划手分五档，每档左、右舷各一名。五档划手是有严格规定的，超过或不足五档，都会被讥为"野龙船"。每艘龙船均设"踩艄"、"避艄"各一名，踩艄者站在尺半见方的后舱板上，猛蹲猛起甚至跃离舱板，使船尾一降一升，从而使船头时起时伏以溅高浪花，整条龙船宛如游龙。踩艄者所持的桨，桨杆特别长，称为"踩艄桨"，有助于在剧烈运动中保持身体平衡。踩艄者还是全船的总指挥，足蹬船板凭借震波传送指挥信号。避艄者坐在后舱尾，以避艄桨为舵把握船行方向。与钱塘龙舟不同的是，余杭龙船避艄者有时还要协助踩艄。

余杭龙船、钱塘龙船乘员数不同，区别在于司乐器者。这两种龙船都有操使锣、鼓、钹各一人，钱塘龙船还增加一名执小锣（俗称"锡锣"）者，因而全船乘员比余杭龙船多一名，为十六名。

划手服饰曾经是余杭龙船、钱塘龙船最显著的区别。旧时余杭龙船的划手全部裸露上身，也不戴帽子。日光、水色映得他们皮肤黝黑发亮，犹如泥鳅，因此余杭龙船又有"泥鳅龙船"的谑称。钱塘龙船的乘员穿戴颜色彩、样式一律的衣、帽，以前五常的钱塘龙船乘员帽子上还绣上蝙蝠图案祈福，状如龙鳞，称为"龙鳞帽"。戴上这种帽子，稍远望之，整条龙舟与龙酷似，惟妙惟肖。

余杭龙船与钱塘龙船两种龙舟的锣鼓声也各不相同。总体来说，余杭龙船锣鼓节奏比较缓慢，钱塘龙船锣鼓节奏较快。

彩龙舟的楼台用雕花板和刺绣丝织品装饰，雕栏画栋，富丽堂皇，船身外部绘有彩色鳞片状图案，属于观赏性龙舟，分为半彩龙船和全彩龙船两种。半彩龙船的装饰配件只遮蔽船舱的一部分，船上的划手还能看到部分天空，又称"半天障"彩龙船；全彩龙船整个船舱均为各种配件、装饰物所遮盖，除了避艄者，其他划手隐蔽舱内难以看到天空，又叫"满天障"彩龙船。

半天障彩龙船也是利用当地的农用船只改装而成，所用的农船与一般钱塘农船式样差不多，只是船身略宽一些，船沿多一圈舷口，船舱也深一些，船底较平，因而载重量也大一些。半天障彩龙船上也建有牌楼，但较小，中间坐着木雕的龙王太子。装饰比较简单，中插帅旗一面，两旁插大旗各一面，船的两边插有若干面拖水旗。半天障彩龙船的定员与钱塘龙船同，敲锡锣被吹海螺取代。

满天障龙船是唯一的龙舟胜会专用船只，两头尖而上翘，形似江海中的船只，一般长8米多，宽2米，深0.6米，有划手五档计十人，舟尾扯动蜈蚣（俗称"百脚"）旗一人，上下扯动"百脚"旗

半天障彩龙船

颇有技巧，技术高超的能使"百脚"尾部下伸时接近水面，但又不与水接触。舟尾设避艄，左右各一人，没有踩艄者。船中还专有扛大旗的壮汉两名，执锣、使钹、点鼓、打报鼓、敲京锣共五人，其中一人兼吹"音叭喇"，全天障彩龙船总计定员二十人，满天障彩龙船属专用龙舟，价格不菲，龙舟胜会后全套行头需拆卸保养、妥善保管，船身也要存放在专用房屋内。和睦桥云凤湾的一艘满天障彩龙船，有数年一次小保养、每代（约二十年）一次大保养的制度。2009年大保养时，曾特地从天台县请来雕花师傅将雕板用金粉吹贴，耗资2万余元。有实力装备彩龙船的地方，一般都是富裕村，所以数量不多。五常原有的满天障彩龙船在太

满天障彩龙船

平天国时被毁，近年新制一艘，现存西溪湿地西区的龙舟文化展示馆。满天障彩龙船民间仅五常及和睦桥云凤湾、李家角、许家埭各有一艘。满天障彩龙船装饰豪华，周围插着龙旗、枪旗和彩缎小旗共三十六面。楼台前、中、后配有五彩罗伞各一顶，有的满天障彩龙船楼台两侧还配若干顶小罗伞。楼台两侧装有画板二十四块，上绘武打戏曲中的人物彩图。牌楼巍峨，正中端坐龙王雕像，龙王后面站着龙太子的雕像，雕像后方悬挂大幅"帅"字方旗一面。牌楼前方是木偶翻滚车，船尾左右各插一面龙纹大旗，中插大蜈蚣旗一面。民间认为龙怕蜈蚣，插上此旗，可避免龙过度活动而致龙舟不稳。有的满天障彩龙船龙王雕像上方

还塑有一只金鸡，据说是为了使龙王始终保持精神抖擞。清人范祖述在《杭俗遗风》中对西湖龙舟有较详细的描述："西湖有龙舟四五只，其船长约四五丈，头尾均高，彩画如龙形。中舱上下两层，首有龙头太子及荡秋千的小孩，均由小孩装扮。太子立而不动，秋千上下翻移，旁列十八般武艺、各式旗帜，门列各枪，中央高低五色彩伞，尾有蜈蚣旗，中舱下层敲打锣鼓，旁坐水手划船。"[1] 区治临平的江南水乡博物馆中收藏着一幅清代绘画《赛龙舟图》，场面与《杭俗遗风》中描述的大致相同，现在五常龙舟胜会中的满天障彩龙船，与图中几乎一模一样，只是近代满天障彩龙船中龙王太子及荡秋千的孩童不再以真人装扮，而用木偶代替。

满天障彩龙船与半天障彩龙船的区别在于装饰，满天障彩龙船装饰豪华，船体精绘龙鳞的图形，是半天障彩龙船的升级版。可以推测：应该是满天障彩龙船出现最迟，半天障彩龙船由普通的钱塘龙船演变而成，而最早出现的就是比较简单的余杭龙船。余杭龙船与钱塘龙船以展示其高超的技巧、粗犷的水上功夫为美。彩龙船则优哉游哉仿佛在欣赏"鱼米之乡"、"丝绸之府"的风光，也在展示自己的风采。参加龙舟胜会的四种龙船，各划各的，从不比名次，大多数情况下一段河道中有来也有往，表现着不同动作，称为

[1] 清·范祖述：《杭俗遗风·端午龙舟竞渡》。

龙舟胜会新成员——闽粤式龙舟（吴正贵摄）

"混划"。

2005年，仓前镇永福村（今为五常街道永福社区）乔正荣等出资购置一条闽粤式的狭长型龙舟参加仓前等地端午龙舟胜会。这种龙舟长20余米，配划手二十余名，配有鼓一面，指挥者手执令旗挥舞，随着鼓点激励全舟飞速前进，带有明显的竞速色彩，全舟划手有节奏地呼喊和之，风格与传统的五常一带的龙舟不同，特技动作不多，但也不失雄壮之势。

2006年五常第三届龙舟胜会上，有三条闽粤式龙舟参与活动。此后每年五常、仓前、和睦桥的龙舟胜会上，都有数艘这种龙舟参加，

体现了五常龙舟胜会的与时俱进和融合外来龙舟文化。

[叁] 龙舟胜会活动规则

五常一带的龙舟胜会，在悠久的历史中形成了一系列活动规则，约定俗成，为大家所自觉遵循。龙舟往往要挂靠某一个庙，所谓挂靠犹如户口注册，没有实质上的隶属关系。五常这样的庙有十余座，在龙舟胜会时，各路龙舟要先去自己所属的庙报到。有些龙舟龙头平日存奉在庙内，"请龙王"仪式也须在庙内举行。仓前的龙舟大多去南庙漾前转个圈，和睦桥的龙舟大多去李王庙，五常的龙舟大多要在石塘角的庙前到过，然后才能参与龙舟胜会。

自愿参加是五常龙舟活动的一种潜规则。从来不会有人点名道姓地叫某某某参加，凡村中男丁，都踊跃参加划龙船，甚至年仅五六岁就吵着要爬在龙舟上，在敲"汤汤儿"（锡锣）了。五常一带有"上了龙舟，就要龙舟兴，龙舟兴了村坊才兴旺"的理念，正是这个理念，使得划龙舟的人们自动指正某某人姿势错误，或分析自己动作的得失，划龙舟充分体现出现代人所讲的"批评与自我批评"的民主气氛，催生团结、拼搏、奋发、向上的龙舟精神。

端午节前巡游过村庄、收取过村民们犒赏的龙舟，端午节时就必须参加在仓前或蒋村以及五常浜口等地分别举行的龙舟聚会。同样，在端午节后的五月十三日前巡游过村庄、收取过村民们犒赏的龙舟，也必须参加"小端午"时在和睦桥举行的龙舟聚会。

水上行舟犹如陆路行车，有一定的通行规则。由于是在并不宽阔、也不很长的特定河段中混划，各式龙舟来来往往，都要遵照"摇船靠扳艄"的航行规则。水乡平时摇船用橹，人站在船尾，左手抓橹把索，右手握橹向外推出去叫推艄，往里扳叫扳艄。当橹的上部扳进来时，支点下部的橹板就反推划水向外，船尾受其作用力向左，船头转向右方。反之，则船头向左偏移。"摇船靠扳艄"指的就像陆路交通的右行规则。彩龙船因为华贵，自然享有特殊待遇，划时往往占据中间河道，划速不快，以往两旁还各有一艘护航船为其保驾。彩龙船造价昂贵，气势雍容，其他龙舟都为其让行，形成了等级分明的一条不成文规定。

划龙舟是百舸争流的竞技活动，船与船之间难免发生碰撞，遇到这种情况时双方不能争吵，更不能斗殴，而要互相致歉，甚至将自己的划桨赠送给受损的一方，使对方能继续活动。

划至特定的河段需要掉头，也有共同遵守的规则。在仓前划龙舟，仓前街前的余杭塘河是东西向的，龙舟不论向东还是朝西划，必须龙头向北（向仓前街面）掉头，也就是说，龙舟向东划时掉头要左拐，龙舟向西划的掉头要右拐，这种规定减少了船只碰撞的发生几率。五常顾家桥一带的龙舟，还有一条规则：巡游时进入水路不通的兜浜，只能船头朝向浜兜慢慢出来，不能掉头，以免财富外流。只要前面的水路可通，就只能转弯而不能倒退。

【肆】龙舟的武划和文划

余杭龙船与钱塘龙船，其式样及划法虽不尽相同，但划起来都非常勇猛、粗犷，这类具有强烈竞技性质的龙船为"武划"类。彩龙船主要用于展示和观赏，行进缓慢文雅，音乐悠扬，属于"文划"类。半天障彩龙船划法大体与满天障相似，但在刚开划时，或在全场高潮时也加以提速，出现一些武划动作，不过大体还是文划。四种龙舟，除钱塘龙船有时出现你追我赶的场面，一般不竞速，竞的是各种技巧。

武划类的龙舟，乘员有划手、踩艄、避艄以及操持打击乐器者。

武划龙船

踩艄者是全船的总指挥，挺立在具有一定坡度、尺半见方的舟尾板上，以足蹬为号，指挥全舟划手。蹬一下表示开划，蹬第二下要求加快划桨节奏，蹬第三下划桨进入高潮，再蹬一下表示停止。如果连蹬三下，表示对面来船有异常情况，要做好避免碰撞等应对准备。或者是全船划手不协调，踩艄者发此信号要求调整。锣、鼓、钹也按照踩艄者所发的信号调整敲打的节奏。在震耳欲聋的锣鼓声、划手的号子声、岸上的欢呼声里，口述号令是根本听不清楚的。凭借踩艄者的足蹬，全舟人都可清晰地感受震动信号，从而做到动作整齐划一，龙舟前进、掉头自如。

踩艄者另一主要任务是在船尾板上配合船头有节奏地猛起猛蹲，甚至跃离船尾板，利用冲击增加力度，使船头上下起伏，促使水浪高溅，水花飞舞，指挥整条龙舟做出各种高难度动作。当头档划手猛扑时，踩艄者双脚一前一后作爬坡状，称为"上山步"，或双脚横跨，称为"骑马步"。踩艄者站立在狭小的船尾板上，按照划桨的频率适时前倾、后仰，双手持长长的踩艄桨，利用划桨动作保持身体平衡，进行剧烈的蹲踞运动。踩艄者体能消耗不亚于头档划手，往往一天下来，双腿会酸痛数日。余杭龙船的挡水板较高，底较平，踩艄很不容易。龙舟划至激奋时刻，避艄者在控制好方向的前提下，也协助踩艄者同时踩艄，两人的桨还同步在空中旋转，划出两个大小不等的漂亮圆弧，称为"龙舞"，龙舞是其他三种龙船所没有的余

武划龙船的踩艄者(持长桨者)

杭龙船特色动作。

余杭龙船与钱塘龙船均有五档划手,分别称为扑头档、保二档、戽三档、管四档及刹末档。五档划手都明确分工,有口诀可以概括:"头档护龙头、二档保船头、三档戽进水、四档管船身、末档刹进退。"

扑头档者由体力强壮者担任,这个"扑"字,形象地说明了头档划手的勇猛特征。头档的左右划手手持短柄划桨,身体外倾,再扑身上前,奋力将桨向内斜插于舟首水中,增加动力,减少阻力。龙舟扑头档时,划手头部几乎贴着水面,扑起的水花飞溅在龙头两边,甚至遮住头档划手大半面部。"护龙头"是拨开河边的树枝，保护龙头。二档划手除划桨外，主要任务是维护船头上龙颈的稳固，基底所糊泥巴被冲刷则适时补充，故称"保船头"。三档划手除了划桨，还要注意前舱，涌入的水达到一定数量时，及时用盆、勺等容器戽出。四档划手主要负责戽除溅入

扑头档的龙舟划手

扑头档时龙舟正面

中舱的水，不使龙舟过侧。末档划手除了维护舟身平稳，还要配合协调龙舟进退掉头。

武划比的是水发高、舟行稳、划桨齐、锣鼓好、转弯掉头妙等技巧。

武划龙船的"水发高"（吴正贵 摄）

水发高：余杭龙船和钱塘龙船在踩艄时，龙舟舟尾、舟首便一起一伏，当舟尾上扬、舟首下降时，刚好是头档划手扑起的浪花溅上龙头之时，这就是"水发高"。"水发高"要求激起的水花能从龙嘴中喷出。形态逼真的"水发高"，常常引得满场欢呼。

舟行稳：龙船起伏之中，船舱难免会进水，似沉而不沉，十分惊险，有惊无险全凭一个"稳"字，这就是"舟行稳"。"舟行稳"是一艘龙舟能正常进行竞技的关键，主要依靠避艄者的技术，只有避准艄，才能使龙舟行得又直、又快、又稳，紧急时刻能够灵活转向，从而避免碰撞。避艄等于掌舵，但用小小的桨板发挥舵的功能，难度要比一般的船掌舵大得多。避艄有句行话："内行避艄笃只角，外行避艄满把戳。"说的是内行者避艄只需将桨面的小部分插入水中，一手握住桨的把手，另一手圈住桨的长柄，按在管口（船舷）上借

右末坐者为武划龙船的避艄者（吴正贵摄）

武划龙船的"舟行稳"（吴正贵摄）

力，根据船行的需要适当调整桨的角度，就可掌控行舟方向。全神贯注而不慌不忙，全舟人员也比较轻松。如果避艄的是外行，慌乱不知所措，满把乱戳，紧张得连桨柄都入了水，还不一定控制得了龙舟。特别是在发生船向一侧猛倾时更危险，全舟人员只好一齐出手协助调控龙舟了。

划桨齐：划龙舟是集体运动，要求全体成员密切配合，划手的动作必须整齐和默契，使左右舷用力大致相等，否则前后的划桨磕碰，龙舟就会左右摇摆不稳。所以，"划桨齐"也是确保"舟行稳"的基本条件之一。

五常南河头有一艘特殊的乌龙船，这艘龙舟的划桨齐讲究的是以桨甩水。乌龙船的龙头为乌青色，用夏布和纺绸扎成，船身和乘员服饰均为黑色，划时桨要从头顶甩过，将水泼向两侧，故又称

武划龙船的"划桨齐"

"甩水龙船"。划乌龙船要求动作特别整齐协调，难度比一般龙舟更大。龙舟胜会开划时必须由该乌龙船打头，"甩水"是为龙舟队伍开道，要求其他船只避让。

转弯掉头妙：由于河道不宽，龙舟众多，又聚集在特定的河段中来往穿梭，所以，武划龙舟在转弯掉头时必须做到快而妙。龙舟巡游时穿桥洞的过程中，转弯掉头是一个特技节目，以前的浪河龙船经过多孔桥时，要从一个桥孔"盘"出，再穿进另一桥孔，直至所有桥孔都进出一遍。旧式桥梁桥孔不宽，盘旋曲折，难度颇大，称为"盘龙"。技艺高超者始终保持船沿不碰擦桥墩，赢得阵阵喝彩。

盘龙

这种技巧现在五常龙舟胜会中还偶有所见。五常龙舟胜会中，"转漾坝"是武划中最后也是最精彩的节目，集中体现"转弯掉头妙"这一技巧。武划龙舟准备结束活动时，必须凭技巧从众多龙舟的缝隙中挤入，到达汇聚水面的中心，然后突然来个180度大转弯，再打道回府，称为"转漾坝"，只有转完漾坝才算圆满结束。技艺高超者往往选择最热闹时进行，以显身手；技艺较差的只能等待其他龙舟转完漾坝，船只稀疏时去象征性地转一下。惊险而又顺利地完成"转漾坝"，是龙舟胜会最精彩的压轴戏。

锣鼓好：龙舟胜会进入竞技高潮时，随着激烈的动作，龙舟锣鼓点越来越紧，如阵中战鼓，急促催人，忙而有序，这就是"锣鼓好"。司鼓又称为"点鼓"，点鼓者都坐在后舱，鼓放在鼓架上。司锣者肩上斜扛旗帜，踏在船的前筑档（三档）的中间位置，臂稳旗杆手持锣，另一人以锣锤敲击。还有一人则扛旗立在后筑档（五档）中间位置上使钹。锣鼓声中，两面三角形锯齿边龙云旗帜交叉于左右，高高飘扬。

文划的彩龙船，色彩鲜艳，满天障彩龙舟的舟首两边，呈人字形装着古色古香的护拦，其中间矗立着前牌楼，牌楼脊顶盘着两条向外欲飞的黄龙，牌楼为十角飞檐，每角飞檐上都饰有黄龙一条，牌楼的正门称为"龙门"，龙门后的两边由雕栏相连，安装在龙舟的左右舷，其上不但雕刻精美纹饰，还雕刻出各种人物，或武或文，似在

满天障彩龙船的"文划"

叙述着历史。满天障彩龙舟的船舱中间设有双层六角亭一座，十二角飞檐上雕有龙十二条，加上画的龙、写的龙和旗帜上绣的龙，林林总总的不下百条，成了龙的世界。彩龙舟的前牌楼与六角亭之间，装有一个状如纺纱轮的转轮，转轮上两边相对应的辐条呈十字形，辐条上绷着一条连线，连线中间隔穿着木雕或布制的四个稚童，当轮子转动时，四个稚童就翻着筋斗，跟着转动，象征着龙子龙孙的生生不息、人丁兴旺。

满天障彩龙舟的龙尾部高挂着一面绣有大蜈蚣（俗称"百脚"）的旗帜，据说若无此旗，龙舟将会不稳。此旗同时也鞭策龙奋力前进。

各显神通的龙舟混划（吴正贵摄）

满天障彩龙舟在船头、舱中及舱后配有黄罗华盖三座，分布在龙舟的中轴线上。上面绣着福、禄、寿、禧及人物、花鸟等图案。华盖两边陈列着刀、枪、剑、戟等十八般兵器，彰显着龙王的威严，也隐含着皇帝与龙的关系。满天障龙舟的划桨频率较低，船速也不快，人员安全且不致水湿衣裤，划时占据中间河道，其他龙舟都要为其让行，行进时凸显着雍容华贵的身份。

2005年后，五常一带龙舟胜会中出现了狭长型的龙舟，被称为"闽粤式龙舟"。这种龙船长达20米，宽仅2米余，划手多达十余档，以竞速为主，指挥者站于船的中部，手执令旗指挥。这类龙舟以竞速为主，没有五常武划龙舟的特技表演，锣鼓节奏也比较简单。

[伍] 龙舟活动的音乐

音乐在众多民俗活动中用于敬神、娱神、感动神灵、衬托气氛，龙舟胜会中也是如此。龙舟相伴的音乐大致源自两个方面。一是道教音乐。西汉末，五常西南10多公里的大涤山设立宫坛，以后发展为道教圣地洞霄宫，是道教三十六洞天的第三十四洞天。余杭附近宫观甚多，南宋时洞霄宫成为宫廷道教活动的重要场所，五常一带是皇室前往洞霄宫水陆两路的必经之地。道教活动崇祀龙王，嘉庆《余杭县志》载，南宋皇帝前往洞霄宫投龙简祈福，要先到余杭城东的明星渎（俗称"坝潭"）祭龙王，明星渎距五常不足10公里，一水相通。洞霄宫以及五常西南的闲林东扇有"龙潭"的地名，遇旱均有祷告龙王之举。道教的各种仪式中，音乐起着重要作用，据有重要地位。

龙舟胜会中的音乐、器具与道教斋醮、祭祀活动中某些吹奏、打击器乐相同，声调有许多近似之处。道士中有用于法事之前的节目"龙舟锣鼓"，称为"闹龙舟对口白"，先是二人对语，内容多为吉利讨彩的诙谐语言，继以打击器乐合奏。五常一带将乐谱称为"文"，据和睦桥云凤湾的老者相传，"龙船文"最初来自五常童家荡的道士，称为"道士文"。五常永福村的童家荡自然村，有专门从事此类法事的人，其历史至少可追溯到清代中叶，至今已知的传承谱系有焕、有、贵、明、昌、惠六代，绵延一百六十余年。前几辈中声名卓著

者,曾被邀请指导彩龙舟中的器乐演奏。距云凤湾不到3公里的余杭镇沈家店村,流行道士吹唱,锣、鼓、钹等是主要的打击乐器。

龙舟胜会中乐器操作的另一来源是民间音乐。五常及邻近地区自古有节日、庙会时演唱戏曲的习俗,其中操奏乐器为主的称为"清吹班"。影响最大的是闲林水乡民丰村的庆云坊清吹班,相传最初是民间为纪念传说中治蝗坠水而死的刘备第三子而设的鼓乐班子,吹奏主要曲调有"正文"(此处的"文"是"谱"的意思)及"三桃红"、"雨凡具"等,配备的乐器有锣、钹、大鼓、板鼓、笙、管、笛等 [1],影响遍及余杭、仓前、闲林等地。五常永福社区的茶师庵前徐氏、仓前镇葛巷村的东葛巷葛氏、施姚里顾氏、北陆家桥孙氏都是经几代人传承至今的民间乐器演奏者。五常道社庙会上民间乐队吹拉弹奏一应俱全。五常的顾家桥,也有此类艺人。这些人往往也是龙舟活动中操作乐器的主角。

五常龙舟的音乐伴奏,竞技型龙舟采用的都是打击乐器,其中最重要的是鼓,鼓声指挥其他乐器的节奏,因此整个器乐演奏又称"点鼓"。观赏型龙舟还增添一些吹奏乐器,五常龙舟胜会中的半天障彩龙船、满天障彩龙船、余杭龙船及钱塘龙船,式样不同,伴奏器乐亦各有不同。半天障彩龙船的打击乐器与钱塘龙船相同,由锣、鼓、钹、锡锣组成,但打击出的音调节奏则与钱塘龙船有

[1] 《余杭区乡镇街道简志》第277、278页。

所差异，其乐声缓慢、舒畅。满天障彩龙船的乐器最多，有锣、鼓、钹、京锣和报鼓等打击乐器以及吹奏乐器招军，伴奏音乐舒缓而流畅。余杭龙船的乐器最少，只有锣、鼓、钹三件。余杭龙船与钱塘龙船的锣鼓声在巡游、收赏、踩艄、掉头时各有一套打击法，巡游时经过某段河道时称为"划白水"，划白水时比较轻松，只要不是经过村落、民居、桥梁、庙宇时，锣鼓可以不敲，船上的人也可以交流划龙舟的经验甚至闲谈。但经过桥梁、庙宇、民居时，即使只有一户人家，也必须敲锣打鼓。钱塘龙舟的节奏为"清清清清清清——咣，清清清清清清——咣"。余杭龙舟为"格楞咚咚起——，格楞咚咚咣——"。收取犒赏时鼓、锣与钹的节奏较慢，钱塘龙舟节奏为"咚咚咚咚——嚓，咚嚓——咣"。余杭龙舟为"嚓噔——嚓——咣"，反复敲奏，速度较慢。龙舟掉头时，钱塘龙舟节奏为"嚓格楞嚓——咣"。余杭龙舟节奏为"嚓嚓咣——嚓嚓咣"。气氛高涨时的锣鼓声，随着踩艄的激烈程度而紧密，钱塘龙舟节奏为"嚓噔、嚓噔、嚓噔——咣"，余杭龙舟的节奏和掉头时一样，但速度较快。龙舟越划越激烈，节奏也越来越快。到达顶点时，用紧锣密鼓来形容是十分贴切的。龙船从某条小港出来时，节奏为"嚓格楞噔——噔"，反复敲奏直至出港。

半天障彩龙舟除打击乐器外，还吹响海螺。司海螺者站立船头，龙舟将行或转入汊港时吹出深沉的"嘟——，嘟嘟——，嘟嘟

嘟——"的声者，以引起人们和其他船只的注意。

满天障彩龙舟以"招军"代替海螺。招军又称"号子"，俗称"音叭喇"，是铜制细长管状乐器，分为两节，可上下收缩。招军发音洪亮，相传古时用作召集军队时发信号。龙舟胜会期间，吹起招军时相关人员就会赶来集合，俨然是划龙舟的集结令。只有满天障彩龙舟才拥有招军，除了显华贵壮行色，也为了吸引人们注意，避免与其他船只碰撞导致昂贵的彩龙船损坏。闲林镇民丰村云凤湾的满天障彩龙舟的招军，其口扁平，吹奏时逼气难度甚大，只有少数几个人会吹，其中许炳云吹得最好，吹时远在三华里之外的和睦桥都能听到。龙舟胜会准备午餐

满天障彩龙舟的号角——招军

半天障彩龙舟的号角——海螺

时,吹响招军,村内的人就能知道此船的位置,以便送饭。龙舟胜会达到高潮时,海螺、招军齐吹,成为全场的最强音。

满天障彩龙船的器乐较为复杂,划龙舟中各个阶段谱调多种多样,最主要的除悦耳动听、讲究协调外,还要求各个阶段转换自然。闲林镇民丰村云凤湾的满天障彩龙舟锣鼓分为荤、素二调,荤调节奏快,用于启航及胜会高潮时;素调节奏慢,用于划白水时。五常及闲林云凤湾、李家角、许家埭的满天障彩龙船点鼓曲谱各有特色,云凤湾的曲谱影响最大,为吸取其优点,曾有其他龙舟专门尾随其后听、学。云凤湾人遵照祖上的规矩不向外村传授演奏技艺,将历代所传"鼓文"(即曲谱)视为珍宝,由村中有威望的老者保管,秘不示人,百余年来保持着云凤湾的特有风格。

附:五常一带流行的满天障龙舟龙舟谱音调(据云凤湾鼓乐师辨听,该谱与闲林李家角的龙船谱相近,与云凤湾谱有很多不同)。

(1)百,长长长,一个长得而以长,一个长得而以长长,一个长,一长一长一个长,一长一长一个长,一个长,一个长,长长一长一个长,长长一长个长,一个长,张长,张长,扎得而以张张,长长一长一百长。

(2)百,长能长以长长,长能长以长长,一长一长一个长,一长一长一个长,得儿长,长正长,得儿长,长正长,得儿长,长正常,正长以正长,正长以正长,长长以长长,一个长,长一长一百长。

（3）百，长长，洞儿一个长，长长一修长，洞儿一个长，长长以长长，去去一去一拔长，长长以长以长长，正正以正正，长长以长长，堂一堂得儿长，得儿长，得儿长长长一个长，正正一个长，正一个长，长长以长长，长长以长长，正正以正正，长长以长长，正正以正正，长长以长长，正长正长，长能长能长能长。

（4）百，张张张，一个张，百，张张，一个张，一百一百必立百，巡长长巡长以巡长，扎，正正以正以正上，上上以上一个上，扎得儿以张以张张，读儿冻，读儿冻，冻儿长，长长以长长，去雀去雀张张，一个张，一正正读儿长，三正正读儿长，三正正读儿长，四正正读儿长，正长，正长，长长百，长长一长一百长。

（5）必立百长能长，百，长能长能长，百，长能长能长能长，一百一百必立百，巡长巡长以巡长，洞儿长，长百长百去百长，扎去扎去一个去，扎丁扎丁一个丁，一百一百必立百，巡长巡长以巡长，扎丁扎丁一个丁，扎洞一个洞，一百必立百，巡长以巡长，洞儿洞，上百上百读儿长，去百长，庆庆以庆以庆长，庆庆以庆长，庆庆以庆以庆长，扎长长，巡长巡长以巡长。

（6）丁百长，扎丁扎丁一个丁，扎洞扎洞一个洞，一百一百必立百，巡长巡长以巡长，扎洞一个洞，扎上一个上，一百必立百，巡长以巡长，上儿上去百去百，读儿长，丁百长，一百一百必立长，扎长长，巡长巡长以巡长。

（7）洞百长，扎洞扎洞一个洞，扎上扎上一个上，一百一百必立百，巡长巡长以巡长，扎上扎上一个上，扎去扎去一个去，一百必立百，巡长以巡长，去儿去，丁百丁百读儿长，洞百长，庆庆以庆以庆长，庆庆以庆以庆长，庆庆以庆以庆长，扎长长，巡长巡长以巡长。

（8）上百长，扎上扎上一个上，扎去扎去一个去，一百一百必立百，巡长以巡长，丁儿丁，洞百洞百读儿长，上百长，去泳去读儿长，去泳去泳读儿长，去泳去泳读儿长，读儿长，读儿长，巡长巡长以巡长。

（9）去百长，巡长巡长以巡长，丁百长，巡长巡长以巡长，洞百长，长能长，上百长，巡长巡长以巡长。

五常龙舟的制作

龙舟胜会活动需要多种器具，其制作涉及造船、细木、雕刻、编织、刺绣、彩绘等诸多方面。这些器具大多原本就是生活、生产用具，水乡农村不乏能工巧匠，世代相传，一些村庄还逐渐成为制作某一用具的专业村。用具置备中的一些习俗，反映了水乡的生活习惯以及和谐的民风。

五常龙舟的制作

[壹] 龙舟的制作工艺

一、农船制作

五常龙舟活动中的余杭龙船、钱塘龙船、半天障彩龙船均用农船稍加装饰并配装龙头而成，避艄（收赏）船则纯粹就是农家小划船。满天障彩龙船虽是专用于划龙舟的船只，除雕花牌楼、屏风等附件外，其基本结构、制作工艺与其他船没有本质区别。这些船的船体都采用杉木制作，来自钱塘江上游衢州地区的老杉树尤佳。老杉树树体通直，加工方便。杉木板木质坚韧，具有一定的可弯曲性能，能按照制作需要形成曲度而不断裂。杉木质轻，使用杉木能使船载重量较大，船速也快，而且杉木耐湿、耐腐蚀，余杭的人们自古以来利用它的优良性能来打造舟船。板材锯成后用船钉连接成船体，船钉有穿钉及盘钉两种。穿钉横向洞穿板与板之间，用于船板的拼接；盘钉用在船舷、船头和船尾各种部件的纵向连接。板与板的接缝处用麻丝桐油石灰嵌入。

打造一艘余杭农船或钱塘农船，需长9米以上、胸径约0.13米的杉树七株，余杭农船须另加胸径0.18米的红椿树一株，用作两边的管口（左、右船舷）。制作一艘船要用穿钉28斤，盘钉8斤，桐油20斤，桐油石灰10斤，麻丝3斤。用作半天障彩龙舟的农船亦用杉木七株，胸径须在0.14米以上，所用的辅料钉、桐油、麻丝，比钱塘农船略多，牌楼及雕窗用料另计。打造一艘半天障彩龙舟，大约需用船匠二十工，牌楼及雕刻用工三十工。

满天障彩龙舟需用杉木2立方米，尖船头、尖船尾及舱内增强坚固度的吊底，还需硬木若干，牌楼、雕窗采用杉木和香樟，其料另计。造一艘满天障龙船，需规格大一些的穿钉约80斤，盘钉40斤，桐油30斤，桐油石灰30斤，麻丝10斤。打一艘满天障龙船需船匠四十工，牌楼及雕窗六十工，油漆用工另计。

四种龙船都配有一艘小船紧随其后，称为"避艄船"。避艄船小而灵活轻快，一般配备三四人，其任务是负责后勤及救援，在龙舟巡游村庄时，还兼收赏，故又称"收赏船"。这也是五常一带龙舟的一个特色。打制避艄船用长10米、胸径0.1米的杉木六株，桐油、桐油石灰、穿钉、麻丝若干，用船匠八工。

用作龙舟的船只，无论钱塘式样还是余杭式样的农船，均有下列制作工序：

1.备料

首先要准备好合格的木材及船钉、桐油等辅料。

2.锯板

农船制作：出线

农船制作：斫料

20世纪50年代中期以前，采用人工锯板：杉木架在"三脚马"上，木梢着地，大头向天。大头这边用四株毛竹，分高低两道呈八字形撑住杉木，两名工匠一人凌空立于圆木的斜坡之上，另一人则视高度，或立或坐在杉木下方，用大锯锯成板材。余杭龙船、钱塘龙船及可作半天障彩龙船的船板厚2.2厘米至2.5厘米，七株杉木两人约需锯一天半。后来有了锯板机取代人工，这三工就不计入船匠用工了。

3. 出线、斫料、刨板

锯成板材后是出线、斫料、刨板。出线就是用墨斗弹出直线斫料是依照墨线用斧头斫去边材；然后是刨板，将板材的两面刨平，使材面光滑。

4. 直缝

船板要中间阔、两头狭，才能符合船体形状的要求，并且严丝合缝,刨制船板的工序,称"直缝"。

5. 打钉花、钻钉眼

在板的一侧定好间距,标出船钉位置,称为"打钉花";然后按一定的角度钻钉眼,以便钉入船钉。

6. 拼底

将船底正中的芯板按中间阔、两头狭的要求,分别在两边装拼"拖泥"。所谓"拖泥",是圆弧朝下的半株杉木,其作用是增加整条船的牢固度,保持船只侧倾时的稳固性。

农船制作:钉入"穿钉"

7. 圆底、上梁板

在"拖泥"两边,分别拼上船板,使其外面的边逐渐向上,称为"圆底"。圆底后再拼接梁板,称为"上梁板"。圆底和梁板左右各五块,共十块。

8. 上船头板、船尾板

船头板、船尾板的作用是

农船制作:上船头板

使左右舷的梁板在船头、船尾紧固在一起。船头板的两边各加长度超出船头的圆木一块，起防撞、挡水作用。余杭龙船还要在船头板的后上方叠加挡水木板两块。

9. 上舷口

舷口即船舷，余杭俗称"管口"，取管住船舱口之意。余杭龙船的管口用硬度较大的红椿树锯成方条制作，钱塘龙船就直接用杉木对开，圆弧朝外制作。"管口"可以大大增强船的侧面抗撞击能力。

10. 上筑档

农船共有前、中、后三个船舱，分别用前筑档和后筑档分隔。筑档的作用是分隔船舱以作不同用途，还起隔水作用，防止一舱漏水而漫及全船。筑档上还有一块板，可以坐人。左右舷上部各有4厘米见方的小孔，平时作农船使用时，穿上绳索便可泊船，搭上船篷，可作为迎送贵客的包厢。筑档还能增强船的整体抗力。余杭龙船在船尾板前30厘米处还装有小筑档，以形成一个小隔舱，这个小筑档叫隔舱板，这也是余杭龙船与钱塘龙船结构上的区别之一。

11. 翻身、上趟浪板、了船板

筑挡做好后将船翻身，船底朝上，在船底的前部上趟浪板。最后装上"拖泥"前方的最后一块船板，称为"了船板"，"了"是结束的意思，装好"了船板"，船体就基本完成。

12. 填麻丝、揩桐油石灰、凿缝、嵌钉疤

农船制作：填麻丝

　　船板的连接处，须用桐油石灰紧密嵌填防漏。桐油石灰用刃面不很锋利的凿子挤入，称为"凿缝"。钉疤也要用油灰填堵，以减轻船钉锈蚀。桐油石灰以麻丝为筋，熟石灰拌上桐油为辅料，由辅工预先用木榔头在石臼内捣制而成。全船完工后还要用桐油将整条船涂抹几遍，称为"油船"，这些都不计入船匠定额用工之内。

　　彩龙船的制作工序大致相同，只是形状有所不同，船体要大一些，船舱底部装有实木"吊底"加固。牌楼的雕花则由船匠设计，请雕匠刻成图形，再作拼嵌。

二、龙头制作

　　赤膊龙船的龙头，包括龙颈，均用木材手工雕刻而成。龙头长约80厘米，直径约50厘米。龙头、龙颈采用樟树或其他实木，樟木易雕刻，气味清香，不易被虫蛀蚀，为最佳材料。锯、削好龙头和龙颈的毛坯，先雕刻出龙鼻，依次雕出龙颌、龙眼、龙嘴、龙齿、龙舌，然后雕出龙耳、龙角，绘上相应图纹，涂以适当的油彩。龙头雕刻

满天障彩龙船的竹编龙头

龙头成品

观摩龙头雕刻

大多由细木工匠完成，技艺依靠观摩，结合自己的悟性而形成，以生动、逼真为标准。龙颈是具有弯曲度并安放龙头的构件。钱塘龙船的龙头刻成后，还要装上龙须。五常街道御田里周荣雪是雕刻花窗的细木工匠，除"文化大革命"时期一度停止，几十年来一直在雕刻龙头，在周围有较大影响，2011年春中央电视台、西湖明珠电视台对他的龙头制作专门作了采访。

彩龙船的龙头则用竹篾编成骨架，绷上彩色绸绢制作。闲林云凤湾、五常顾家桥均有专编制彩龙舟龙头的匠人。云凤湾编制彩龙舟龙头源于仓前镇葛巷村捻竿埭。捻竿埭因制作罱河泥的捻竿出名，捻竿的主要构件捻篓以竹篾编成，因而派生出编制竹龙头。云凤湾的龙头最初专程请捻竿埭人编制，以后村里人逐渐学会，目前制作技艺最好的是沈跃根。编制彩龙舟龙头须用篾青，经滚刨刨光洁后编出龙头轮廓，然后用白布绷蒙，按需要缝合连接部位，从龙口中穿出，龙口、龙舌采用红布。龙头外部用彩笔描上龙鳞和花纹，饰以毛线制作的绒球、扎丝。龙头传神与否，关键还在于龙颈自下而上逐渐增大的三道箍，这三道箍既要保持龙颈牢固，又要使龙颈能适度移动，全凭制作者在实践中体会，很难用语言表达清楚。

三、龙舟构件

主要是彩龙舟的构件。满天障彩龙船构件尤多，最复杂的是笼罩船舱的牌楼，中间有描金镂刻的台阁，两侧是上、中、下三层榫卯或镶嵌连接的雕板。云凤湾那艘满天障彩龙舟，最上的两排较宽，每侧由两块长雕板、三块短雕板构成，每块又各由两小块拼合，形成适当的弧度，镶嵌樟木镏金浮雕，内容为武戏人物。其下是较狭窄的雕板，雕刻的有花卉、鸟雀和瑞兽。最下方是最宽的雕板，雕刻内容为仙人之类。龙颈后方有左右各一的大雕板，雕有"鹊梅报春"图画。五常那艘满天障彩龙舟雕板各层宽度相差不大，雕刻的内容大同小异。牌楼前门称"龙门"，两侧分别雕有"龙飞"、"凤舞"题额，飞檐上刻有小龙。这些雕板需从天台、东阳等地请来专业雕花匠刻制。

满天障彩龙舟的构件还有木制的大刀、钺斧、方天戟、关刀、锤槊、三尖二刃刀等十八般兵器，插于龙舟楼台两侧，使龙舟显得更加威武雄壮。

彩龙舟构件（之二）

满天障彩龙舟的雕板

满天障彩龙舟雕板的局部

彩龙舟构件（之一）

四、龙舟装配

平时生产用的农船，端午临近时取出贮藏的龙头、龙颈、坐档板等装配成龙船，这过程叫"扎龙船"，主要内容是安放龙头及安装防浪设施。余杭龙船采用木制的挡水板，挡水板固定在船的最前部，龙颈固定在挡水板后0.4米左右，然后在龙颈上套放龙头。钱塘龙船的龙颈直接固定在船头，挖取俗称"乌泥"的青紫黏土，经过踩踏、甩、揉，糊在龙颈两边。最后钉好划手的坐挡，用绳索加固。有些余杭龙船还要在船舷两边挂上竹"扶行"，用以挡水及增加船的浮力。龙头下颌坠挂一个秤砣，划行时船体一颠一簸，龙口也相应张合，张口时水可从龙嘴中喷出，十分逼真。

彩龙船的装配比较复杂，各种雕板拼装难度较大，只要一块雕

满天障彩龙舟装雕板

板不合卯，整座楼台就难以合拢。和睦桥云凤湾的彩龙船，需五个人花费一整天才能完成。

〔贰〕龙舟活动其他器具

划龙舟相关器具有木桨、各类饰品、乐器和戽水用具。

一、木桨

木桨有划桨、避艄桨两类。划桨，五常一带又称"划撬"、"划干"，是小型农船的动力配件，由桨柄、桨杆、桨板三部分组成。桨柄、桨杆采用轻而韧的小杉木。桨板采用不易腐烂、具有一定硬度的楝树板，如取不到楝树，也可用枫杨代替。

按五常一带的风俗，制作划桨的楝树必须在夜间去"偷"。用偷来的楝树做成桨，划起龙舟来会"起水"，就是龙舟所在的村庄会兴旺。需要添置新划桨时，先派人四处寻觅适用的楝树，勘察好偷树的水陆通道，然后派出一帮精壮汉子，趁着夜色摇船过去，停在相中的楝树附近，锯断楝树截取树干，扛到船中运回。树主发觉楝树没了，也心知肚明，知道是被偷去做龙舟划桨。按照风俗，这是龙的恩宠和眷顾，是值得荣耀的事情，一般不会追究。

楝树"偷"来后缚上石头沉入水中，浸泡一定的时间后捞起，由船匠按用途分割成长短不一的树段，纵向取成桨板轮廓，刨平桨面，背水面的板上方尾处保留一定的厚度，然后刨薄四周成流线型。桨板与桨杆用铁箍和铁钉连接，桨杆和桨柄则凭借榫卯合为一体。桨板、桨杆需经多道油漆，桨柄及桨板上画上祥云、蝙蝠等图案。桨板的迎水面比较光滑，上面写着"龙舟胜会"，另一面书龙舟所属地。联起来就是此龙舟的全名，如"蒋家桥龙舟胜会"。五常一带平时生产生活用的也是这种划桨，轻舟彩桨曾是这里独特的景观。每条龙舟使用的划桨十把，另有备用桨若干。头档的划桨最小，桨杆最短，二档、三档、四档、末档的划桨桨板依次渐大，桨柄也渐长。

避艄桨起舵的作用。满天障彩龙舟的避艄桨特别精美，左右各一把，制作成大刀的模样，长达3米左右，是划龙舟活动的专门用

满天障彩龙舟的避艄桨（右为清代旧物）

满天障彩龙舟避艄桨细部

钱塘龙舟划桨

余杭龙舟的划桨

桨。闲林镇民丰村云凤湾保留着已有近二百年历史的满天障彩龙舟避艄桨,一把画龙,一把绘凤。以后的避艄桨按此制作,保留着古老的风貌。

二、乐器

主要是打击乐器。西汉扬雄的《蜀都赋》云:"潜龙蟠于沮泽,应鸣鼓而兴雨。"端午划龙舟时鸣锣击鼓的目的正是如此。五常一带将打击乐器称为"响器",各类龙船配备鼓、锣、钹这三种基本响器,钱塘龙船增加一面小锣,因其发出的是"汤汤"声,俗称"锡锣",从而比余杭龙船多了一名定员。云凤湾满天障彩龙船的锣和鼓有多种。锣从小到大有当地俗称的钉锣、器锣、张锣、狂锣四种,前两种和后两种各由一人操使;还有硬木雕成的报鼓及蒙皮的板鼓两种,由一人同时操司。司钹者兼任翻动木偶车。

彩龙舟除打击乐器外,还有吹奏乐器,操司者站于舟尾,呈一定角度仰吹。半天障彩龙船吹海螺,满天障彩龙船吹"音叭喇"。 "音叭喇"是当地俗

划龙舟使用的乐器

龙舟乐器——板鼓（右）、报鼓（左）

称，正式名称为"招军"，类似于古代集结部队的号角，其声音高吭嘹亮，使龙舟颇有水师的气势。打击乐器以击鼓为号令，其他响器都跟随鼓点的变化而变化。海螺及"音叭喇"只在划龙船最激烈或进入另一条河转弯时才吹。

鼓、锣、钹也用于其他民俗活动，一般的自然村均有购置。招军除道士外，拥有满天障彩龙舟的村庄才配备，海螺则专用于半天障彩龙舟。

三、旗帜

各种龙舟必有的是两面白色丝绸质地的三角形旗帜，俗称龙舟大旗。旗边呈锯齿形，锯齿形斜边上方，饰以白色飘带一条。白色的旗面象征天空，其中一旗绣有飘云图案，有的还在中间大书一个

"龙"字。另一旗绣着腾龙图案。写着龙字的旗有云相配，表达"龙从云"的含意。

满天障彩龙舟的旗帜种类和数量最多，有帅旗、三角旗、门枪旗等，这些双面精绣的旗帜需持原物为样本，去苏州绣品店定制。

帅旗是竖挂在楼台正中或稍后的长方形大旗。上方绣着所在村的名号，饰有一排流苏，中央绣有"帅"字或龙王太子像，周围围绕着龙、云和水波图案，旗的下端是一排较大的流苏。帅旗被两面斜插着的左右三角大旗簇拥，气势威严，有如古时部队的中军帐。云凤湾的满天障彩龙舟的三角大旗，不但绣龙，还绣有翩翩起舞的凤凰，显示龙凤呈祥。

三角旗有大小之分，均饰有飘带。左右各一面就是各种龙舟皆有的"龙舟大旗"。满天障彩龙舟此旗特别大，旗上的龙仰首向天，脚踩波涛，大有一飞冲天之势。大三角旗飘带几乎贴着水面。俗称"拖水旗"。小三角旗遍插龙舟两侧，有数十面之多。

门枪旗是长条形旗帜，中间绣着龙和云彩，下方为水波图形，下缘饰以飘带。门枪旗插

满天障彩龙舟的龙凤大旗

于楼台两侧，各十二面，合起来共二十四面，祈求一年二十四个节气都风调雨顺。门枪旗也有大小之分。大门枪旗旗杆顶部是三尖两刃刀，小门枪旗旗杆顶部为矛头。小门枪旗周边还绣有火焰状图案，又称"火刀旗"。

　　和睦桥云凤湾满天障彩龙舟旗帜均已保存了近二百年，龙舟划行时迎风猎猎，大旗几乎伸展至河道两岸，十分壮观。为保持旗帜不褪色，云凤湾人世代相传，不能漂洗，也不能曝晒，龙舟胜会结束后，只能用柔软的湿布轻拭晾干，熨平存放在专用的樟木箱中。

四、华盖

　　华盖是彩龙舟特有的圆形伞状绸制饰物。满天障彩龙舟有三顶大华盖，分别置于楼台的前、中、后部，上面绣有图案、人像，下

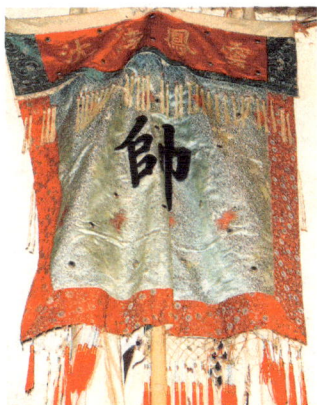

满天障彩龙舟的帅旗

满天障彩龙舟的门枪旗

满天障彩龙舟的华盖

方饰以流苏,十分精美。有的满天障彩龙舟,楼台四周还有若干顶小罗伞。

五、衣帽

早先余杭龙船的划手不戴帽子,还光着膀子,仅穿一条短裤,全身皮肤晒得黝黑透亮,活脱脱像是部落社会中人。20世纪80年代起,余杭龙船也开始穿戴全船统一的衣帽。

钱塘龙船乘员历来穿衣戴帽,色彩和式样全船一致。早先的帽子,由布料帽面、藤制头套、铁丝及系带构成,可以拆卸,清洗和保管很方便。白色的帽面上绣有精致的龙、蝙蝠、万字符号及篆体"寿"字等。比较简单的则用黑布剪成相应的图案缝上。头套用白藤编织,圆弧形,贴合在帽面下方。帽面圆弧的两边,缝着两条系带。帽的直径约40厘米,缝有用以穿铁丝的边沿,铁丝穿成帽圈固定，系好带子，戴在头上十分挺括。

20世纪50年代以前，钱塘龙船划手服装全是手工缝制，对襟、卧蚕式布纽的传统服装，一般用家纺粗布缝制，富裕的地方才用土绸料子。20世纪90年代起，企业赞助龙舟活动越来越普遍，旗帜和衣帽上冠以赞助企业之名已成为时尚。

六、戽水工具

余杭龙船和钱塘龙船的载重量小，十五六人坐下去，船舷距水面仅有两三寸。划时水浪涌起，踩艄者猛烈蹲踞，常有河水漫进船舱，所以舱内都有戽水的器具以备急需。戽水器具为水桶、勺、盆之类，也有"千步"等农作工具。

满天障彩龙舟上的兵器

五常龙舟胜会的保护和传承

五常龙舟胜会的传承，包含集体传承和个体传承两方面。集体传承主要体现在规则、制度的约定俗成，一些表演技能通过观摩、熏陶潜移默化。个体传承主要是器具制作以及难度较高的表演技艺，以师传、家传为主要方式。改革开放以来，五常龙舟胜会焕发了青春，成为国家级的非物质文化遗产保护项目，并形成了政府主导，农村群众、社会有识之士联动的保护格局。在政府的关怀下，五常龙舟胜会的知名度越来越高。

五常龙舟胜会的保护和传承

[壹] 龙舟胜会的保护

　　五常龙舟胜会作为一项传统民俗活动，一直以来以民间保护和传承为主。近些年来，随着非物质文化遗产保护工程的不断推进，政府在保护龙舟胜会上起到了至关重要的作用。

　　20世纪70年代末，五常及相邻其他乡村的龙舟胜会陆续恢复，并引起政府的重视。

　　20世纪90年代起，五常、仓前、闲林等地的政府部门加强对龙舟胜会的引导，主要是挖掘龙舟活动文化内涵，组织龙舟风采展示，落实龙舟活动的安全保障措施，为龙舟胜会提供服务，但不干预划龙舟的具体程式。龙舟队伍纯由民间组成，从而保持着传统龙舟胜会的原汁原味。

　　进入21世纪，五常一带的龙舟胜会影响越来越大，五常、仓前、闲林等地每年端午（包括小端午）均由政府举办龙舟节，政府按照民间习惯对参加胜会的龙舟一一犒赏。每届龙舟胜会观赏者如潮，不但当地万人空巷，还有省内外其他地方的人赶来观赏。

　　2004年端午节，五常管委会举行首届五常龙舟胜会，近百条龙舟云集五常浜口。与此同时，仓前镇举办"太炎故里首届文化艺术节"，其间的龙舟胜会上，镇内各村、社区以及来自五常、闲林、蒋村等地的六十余艘龙舟齐集镇上的余杭塘河献艺，吸引了镇内及周边镇乡数万人观赏。浙江省摄影家协会举办了以仓前龙舟竞渡为内容的全省摄影大赛，摄影家们用相机将龙舟胜会定格在画面上，向更多的人们展现龙舟胜会盛况。

2005年端午，举办第二届五常龙舟节系列活动，邀请省、市专家和有关部门领导参加。是年国庆期间，运河综合保护一期工程亮相杭城，五常派出十一条龙舟在大运河的拱宸桥至卖鱼桥河段展示，为近代第一次进入杭城表演。

2005年11月，五常、闲林、仓前一带的龙舟胜会被列为余杭区非物质文化遗产名录。

2006年，国家文化部在余杭区举办以"国家文化安全"为主题的"中国非物质文化遗产保护余杭论坛"，其间在五常浜口举行余杭区首个"非物质文化遗产保护月"活动启动仪式，同时举办第三届五常龙舟节。国家文化部领导、来自全国的"非遗"保护专家以及浙江省、杭州市、余杭区领导亲临现场，与三万余群众一起观看了一百零七条龙舟的精彩表演。专家认为，五常龙舟胜会自发的传承热情与文化自觉，就是保护非物质文化遗产的最高境界。

2007年1月，端午节，五常因龙舟胜会被浙江省文化厅确定为浙

江省民族传统节日保护基地。

2007年2月，端午节·五常龙舟胜会被列入浙江省第二批非物质文化遗产保护名录。

2007年，五常境内实施西溪国家湿地公园三期工程项目。房屋拆迁中政府安排专项补助资金建立临时过渡用房，妥善解决了被拆迁村庄龙舟的存放保护。是年7月，余杭区文化广电新闻出版局组织专门队伍到五常开展非物质文化遗产普查，其中五常龙舟胜会为重点内容。普查中对龙舟活动、龙头雕刻进行了全面的调查，制作了详细的影像资料。

2007年，余杭区人民政府文化部门在区治所在地临平的中国江南水乡博物馆开设专门栏目，介绍端午龙舟胜会这一民俗文化活动。

2008年6月，端午节·五常龙舟胜会被国务院列为国家级非物质文化遗产。

2008年，五常境内建成西溪国家湿地公园西区，园内开辟龙舟观景区域，可供游人登上龙舟体验龙舟竞渡。龙舟观景区还建立了龙

端午节·五常龙舟胜会被列为国家级非物质文化遗产

连环画《五常龙舟胜会》

舟文化展示馆，陈列五常龙舟胜会的各种资料，展示"请龙王"等仪式，使人们了解源远流长、内容丰富的五常民俗。是年，余杭区非物质文化遗产保护办公室编辑出版余杭非物质文化遗产代表作连环画丛书，《五常龙舟胜会》为其中一册，在更大范围内展示了这一文化瑰宝。

与五常龙舟胜会活动相关的器具制作技巧也得到了保护：五常街道文体中心对龙头雕刻的工艺进行详细调查和资料整理；闲林镇文体中心对民丰村云凤湾编扎彩龙头的工艺进行了详细采访；仓前镇在2008年非物质文化遗产普查中，对传统木质农船制作有数代传承历史的葛三毛进行了详细采访，将他的相关技艺每道工序进行摄

五常街道的龙舟文化档案资料

仓前镇的龙舟文化档案资料

影、录像存档，并着手探讨继续传承的措施。深入调查研究，建立了龙舟文化数据库。

闲林镇的龙舟文化档案资料

2009年3月，五常一带因端午节龙舟胜会被列入杭州市传统节日保护地。龙舟胜会还被列入是年西湖博览会活动类子项目。

2009年5月22日至6月2日，由杭州市余杭区人民政府主办，杭州西溪国家湿地（余杭）管理委员会办公室、五常街道办事处、余杭区风景旅游局承办，在西溪国家湿地公园西区举办中国杭州五常龙舟胜会，是年端午节有一百一十余艘龙舟参加胜会，曾两届获得奥运会皮划艇冠军的浙江籍选手孟关良为龙头披红，前来观赏龙舟胜会的中外游客达数万人次。

2011年端午节，在五常的西溪国家湿地公园西区举办首届中国名校龙舟竞渡，浙江大学、北京大学、清华大学、复旦大学、上海交通大学、南京大学等六所著名高校组队参加。五常龙舟胜会增添了新的内容、新的活力。

龙舟文化展示馆外景（陈清摄）

五常街道办事处和仓前镇、闲林镇人民政府，每年端午节均成立龙舟胜会组委会，政府领导及相关部门负责人、村社区负责人均为成员，保证了龙舟胜会协调有序、安全地进行。政府部门对龙舟胜会拨出活动经费，对龙舟传承队伍给予一定的资助，评上等级或获得奖项的龙舟团队，还能得到相应的奖励。

五常龙舟胜会源于水乡生活，活动需在野外水面展开，其生存状况必然因自然环境、生活模式变化而受到影响。20世纪70年代后，陆路交通快速发展，五常一带水乡农村生产运输中，车辆逐渐取代传统木船。这无疑是生产力的进步，但也给龙舟胜会这一延续几百年的民俗生存带来了新的问题。五常、仓前、闲林有不少村庄之间的河道因废而淤，甚至因淤而塞，每逢龙舟胜会，有些地方的龙舟需要人力扛抬或车辆运送，翻越阻塞的河段，群众称为"拔龙船"。还

有一些村庄，龙王巡游等习俗已很难有河道进行。

20世纪90年代末开始，五常、仓前、闲林开展村庄环境整治，政府投入大量资金疏浚农村河道，修建沿河设施。这些举措加强了抗洪、抗旱能力，保护了环境，提升了群众生活质量，同时也为龙舟胜会的存续提供了有利条件。

五常、仓前、闲林的各类建设中，在不影响全局的情况下十分重视对龙舟胜会这一非物质文化遗产进行保护。

2006年，闲林镇开展境内闲林港的整治，和睦桥至云凤湾龙舟活动最为繁盛的地带，修整了沿河河埠，小桥、流水、人家的景观得到恢复而且更加秀丽，每逢龙舟胜会显得很是匹配。

五常浜口的龙舟胜会观景楼（陈清摄）

龙舟文化展示馆内景（陈清摄）

2007年，五常东部区域进行杭州西溪国家湿地公园西区建设，建设中拓宽了五常港，大大增加了浜口附近的船只可容纳数量。浜口稍南的观胜桥建立了龙舟胜会观景台，使得浜口的五月初五大端午龙舟胜会可以办得更加盛大。

2009年，仓前镇对余杭塘河腹地已完全阻断的横渎港实施河道清淤、沿岸驳建石磡作长期保护。2010年，仓前镇在实施高等教育园区建设中，清除余杭塘河南侧横桥港的严重淤阻。按照计划，这里将和仓前集镇的余杭塘河河段紧密相联，成为龙舟胜会大端午时仓前的龙舟汇聚处，取代已失去功能的龙舟"揉漾"地点南庙漾。

龙舟邮品（张永年提供）

五常龙舟胜会民俗受到史志、艺术、收藏等各文化界人士的关注，1990年出版的新编《余杭县志》将五常一带的龙舟文化载入史册。2003年出版的《杭州市余杭区镇乡街道简志》中，五常龙舟胜会相关镇乡不约而同地在文化篇章中对该民俗作重点记载。2006年6月，余杭区知名集邮人士张永年，专门制作五常龙舟胜会为题材的邮品，用当时余杭区五常管委会特制的"五常龙舟胜会"纪念封，贴上端午节邮票，盖上"中国首个'文化遗产日'纪念"邮戳。这件别出心裁又富有纪念意义的邮品受到集邮界的高度评价。

[贰] 龙舟胜会的传承

一、习俗延续

五常一带划龙船的活动源于生产和生活，历史悠久。自明代五常洪家埭的致仕大臣洪钟倡行端午节闹龙舟，更是成为周边乡村最大的传统节日盛事。数百年来相沿成俗，植根于民众。虽然在抗日战争时期杭州沦陷和"文化大革命"的社会大动乱时期，龙舟胜会曾被迫停止，但端午节、划龙船、龙舟胜会在老百姓的心中是无法磨灭的，环境稍有松动就会恢复。

农历四月底龙舟开划，五月初五在蒋村、五常、仓前举行大端午龙舟胜会，五月十三到闲林和睦桥举行小端午龙舟胜会，时间、地点长期以来成为惯例，虽无成文的规定，但这一带人人知晓，村村遵循。从开划前"请龙王"到龙舟胜会结束的"谢龙王"，所有程序约定俗成，代代相传。

二、划龙舟技巧传承

龙舟胜会的划船技巧源于生产和生活，其传承是群体中的自然接替。五常一带港汊如织，以前五六岁的儿童便开始嬉水弄船，成年后又在罱泥积肥、撒网捕鱼的劳动中练得一身驾驭船只的好功夫。清人崔应榴的《余杭看蚕词》有一段这一带蚕农急急买桑的情景："……如飞两桨买桑还，梁渚县镫夜放船。浑舍休憎归较晚，此方叶贱不论钱……"[1] 快船飞桨，与龙舟胜会的场面何其相似！水乡好强的青少年常常寓乐于劳，行船时花样翻新取悦于人，由此演绎出龙舟胜会上的一些高难度动作。一条龙舟就是一个村庄的代表，

[1] 清·嘉庆《余杭县志》卷四十·杂记（二）。县通"悬"，镫通"灯"，县镫即"悬灯"。

人人希望自己村庄有出色表现，选拔龙舟成员从体力、专长考量，唯能是举。搔漾、龙王巡游都是交流经验、切磋技巧的好机会，也十分注意观察其他龙舟，吸取他人之长。

龙舟上各种岗位的传承大多也是自然过渡。初涉龙舟的少年多从敲锣使钹开始。少年们耳濡目染，逐渐熟悉划手等岗位，为接班打下基础。扒头档、踩艄等凭借体力，年轻力壮又有划船经验者多会自告奋勇。由于运动剧烈需轮番担任，因此提供了博采众长、共同提高的机会。避艄体能消耗虽不大，但要有丰富的经验和快速反应能力，多由从头档划手、踩艄岗位退下来的老将担任，并对其他划手进行指导。整条龙舟中年、青年、少年结合，一家几代同划一舟颇

三代人同船划龙舟

为多见。五常街道永福社区章家村的沈中林家庭，参与划龙舟不下四五代，现在沈中林担任避艄，儿子扑头档，孙子敲锡锣，祖孙三代合力拼搏，其乐融融。这样的例子，在五常一带并不少见。

锣鼓操演是龙舟活动的重要组成部分。竞技型龙舟和观赏型龙舟，锣鼓节奏有很大区别，乐器操奏技巧的传承方式明显不同。赤膊龙船乐器不多，节奏简单，只要参与几次，甚至仅凭观看都能学会。葛巷村李家塘一位中年妇女，其父擅长乐器演奏，尽管身为女性不能参加划龙舟，但自幼耳濡目染，对龙舟鼓乐节奏照样娴熟，甚至能进行评点。定出开划日期，每日黄昏大家都会到村内空旷处操练鼓乐，已掌握者是赛前练兵，未掌握者是娱乐和学习的机会，旁观者也会出谋划策。这种场面少年儿童更是心驰神往，甚至睡梦中还在口吟手舞。悟性高的少年，还会被选拔为龙舟中的锣鼓新手，在老手带领下逐步成熟，甚至成为主角。赤膊龙船的器乐敲奏就是在这种气氛中完成新老传承的。

彩龙舟的乐器要多一些，不同场合有各种复杂的调子，其中点鼓操作难度特别高。有些地方最初会聘请比较专业的人员教练，或是父子相传。劳作休息时，常以筷子、树枝敲打铁耙柄来训练、示范，可谓拳不离手，曲不离口。五常一带的点鼓师以闲林镇云凤湾沈氏最为知名，能够追溯到的自清末始有沈祥发——沈荣富——沈炳田——沈阿顺、沈贵根四代，目前正在传教第五代。其中沈炳田名闻

五常、仓前、闲林。每逢端午将至，龙舟团队纷纷相请，有一年患病中也被抬上龙舟，装上靠背棉垫上阵。

半天障彩龙舟的海螺，满天障彩龙舟的招军，吹奏技巧全凭苦练和琢磨。闲林镇民丰村云凤湾的许炳云，吹起招军最为嘹亮高吭，虽已年近六十，仍无人能出其右。

三、船只制作传承

除了全彩龙船满天障，其他各式龙船均系农船装饰而成，农船是龙舟胜会活动最重要的器具。五常一带的农船制作工匠，主要分布在五常顾家桥、仓前、闲林和睦桥。农船制作技术大多父子相传，也有拜师学艺的。五常邬家湾张氏制作农船最为著名，可考的传承谱系已历三代，其中张明泉祖、父两代都是五常一带的知名船匠，张明泉十八岁跟随堂伯张茂根学习造船技艺，目前在五常有较大影响。附近的唐氏、胡氏，蔡家塘杨氏等船匠均师出张氏，除一般运输用的农船外，唐氏还制作渔船、挖藕船等专业用船，近年又被杭州有关部门聘请制作西湖游船。距五常只有数里之遥的仓前镇，东葛巷葛氏，西葛巷罗氏、董氏，高桥管氏，都是相传已几代的船匠，钱塘式样、余杭式样的农船都会制作。葛巷村东葛巷船匠葛三毛打造龙船传承谱系比较清晰，他的师祖周长根是清末民初仓前一带有名的船匠。1954年，葛三毛师从周长根的高徒罗阿华，数年后成为能打造各式农船的巧匠。20世纪50年代葛三毛参加仓前船木社，打造过小轮船。后带教徒弟葛阿毛，使周氏造船传至第四代。

20世纪60年代后期，钢丝网水泥农船逐渐取代木质农船。随着陆路交通日趋发达，农业机械化程度不断提高，农业生产模式改变，木质农船使用几近消失，传统船匠越来越少。仓前、闲林能够制作传统农船的只有仓前东葛巷葛三毛、吴山前谢六毛，五常仅有邬家湾的张明泉、唐建新等少数人。仓前、闲林制作满天障彩龙船的只剩下葛三毛。和睦桥云凤湾彩龙船维修、李家角彩龙船重新制作，均由葛三毛主持完成。传统农船制作行业的萎缩，已成为影响龙舟胜会存在的一个因素，引起了许多村庄的重视。与仓前镇相邻的五常某村深忧今后用作龙舟的木质农船难觅，2008年初特地到东葛巷找葛三毛，定制两艘用作后备。

四、龙头制作传承

赤膊龙船的龙头大多参考原有龙头的模样，掺入自己的领悟，以神似为原则刻制。五常、闲林、仓前的农村木工，尤其是细木工均能胜任，随细木手艺的传承而延续。龙头雕刻五常最为集中，几十年前几乎每个生产大队均有人会雕。满天幢彩龙舟的龙头以竹篾编成，闲林云凤湾最为著名。编织手艺最初来自仓前葛巷村捻竿埭，村内人通过观摩掌握。以前专编彩龙头的有沈连法，目前编制彩龙头知名的有沈跃根。沈跃根继承前辈经验，还推陈出新，利用废易拉罐作龙齿，灯泡作龙眼，使龙头更加惟妙惟肖。

参考文献

1. 晋·刘义庆撰，南朝梁·刘孝标注：《世说新语》，上海书店，1986年版。

2. 南朝梁·宗懔：《荆楚岁时记》，载吴玉贵、毕飞主编的《四库全书精品文存》第二十七卷，团结出版社，1997年版。

3. 唐·刘悚：《隋唐佳话》，载盛钟健等选译的《隋唐佳话·唐国史补》，浙江古籍出版社，1986年版。

4. 宋·周密：《武林旧事》，西湖书社，1981年版。

5. 明·张岱：《西湖梦寻》，载立人校订的《陶庵梦忆·西湖梦寻》，作家出版社，1995年版。

6. 清·张吉安主修：嘉庆《余杭县志》，民国八年吴兰孙重印本。

7. 闻一多：《端午考》，载田兆元导读的《伏羲考》，上海古籍出版社，2006年版。

8. 陆鉴三选注：《西湖笔丛》，浙江人民出版社，1981年版。

9. 谢家宝：《南宋临安野史》，山西高校联合出版社，1994年版。

10. 浙江人民出版社编：《浙江风物志》，浙江人民出版社，1985

年版。

11. 惠西成、石子编:《中国民俗大观》,广东旅游出版社,1988年版。

12. 韩养民、郭兴文:《中国古代节日风俗》,陕西人民出版社,2002年版。

13. 殷登国:《岁时佳节记趣》,广西人民出版社,1987年版。

14. 杭州市余杭区地方志编纂委员会办公室编:《杭州市余杭区镇乡街道简志》,方志出版社,2003年版。

15. 杭州市余杭区政协文史委员会、杭州市余杭区风景旅游局编,王庆编撰:《天堂绿洲》,西泠印社出版社,2005年版。

16. 余杭区文化广电新闻出版局编:《余杭民间艺术大观》,浙江人民出版社,2007年7月版。

17. 周膺:《钱塘望族》,国际文化出版公司,2007年版。

18. 曹云、葛树法:《西溪洪氏文化探源与五常拾遗》,大众文艺出版社,2010年版。

后 记

　　五常龙舟胜会是余杭区五常街道及毗邻地带共同的端午节民俗活动，沿袭已数百年，其盛况名闻遐迩。2008年，端午节·五常龙舟胜会被国务院列为国家级非物质文化遗产名录。

　　2009年下半年，按照省文化厅的部署，余杭区文化广电新闻出版局决定编写本书，对五常龙舟胜会作比较系统的介绍。章桂娣副局长、区"非遗办"王祖龙主任具体领导这项工作，并得到省文化厅的关怀和指导。省"非遗"保护专家陈顺水老师帮助我们拟定篇目和框架，指导撰写。省非物质文化遗产保护专家委员会专家、浙江大学民俗学研究生导师吕洪年教授细阅我们的历次书稿，提出许多宝贵的指导意见。

　　本书编写中，五常街道办事处文体中心、老龄人工作委员会专门召集座谈会向我们介绍相关情况。仓前镇文体中心提供了详细的档案资料，该中心林莉同志还帮助我们整理资料。闲林镇文体中心的同志带领我们到和睦桥小端午龙舟胜会现场实地采访。杭州西溪国家湿地公园（西区）管委会办公室对我们的采访给予很大的帮助。闲林镇民丰村云凤湾、仓前镇太炎社区的群众，热情接待我们。云凤湾村民还拿出保存近二百年的龙舟旧物，供我们细细观看。仓前镇太炎社区老龄人协会有关人员专门为我们表演了龙舟锣鼓。区非物质文化遗产保护工作办公室、杭州西溪国家湿地公园（西区）管委会办公室、杭州余杭博物馆、五常街道、仓前镇、闲林镇文体中心以及杭州知名史学专家赵大川先生提供了不少珍贵照片。对于专家的精心指导和上述单位、群众的大力支持，我们深表衷心的感谢。

端午节龙舟胜会在我们的童年就有深刻的印象，葛犇程少年时直到壮年还担任过划龙舟的各种角色。参加非物质文化遗产普查，使我们对五常龙舟有了更多的了解。但由于我们学识不足、水平有限，本书必定有不准确、不妥当之处，敬请读者批评指正。

叶华醒　　葛犇程

责任编辑：方　妍

装帧设计：任惠安

责任校对：朱晓波

责任印制：朱圣学

装帧顾问：张　望

图书在版编目（ＣＩＰ）数据

　　五常龙舟胜会 / 叶华醒，葛犇程编著. —杭州：浙
江摄影出版社，2012.5（2023.1重印）

　　（浙江省非物质文化遗产代表作丛书 / 杨建新主
编）

　　ISBN 978-7-5514-0036-7

　　Ⅰ. ①五… Ⅱ. ①叶… ②葛… Ⅲ. ①龙舟竞赛—介
绍—杭州市 Ⅳ. ①G852.9

　　中国版本图书馆CIP数据核字（2011）第269823号

五常龙舟胜会

叶华醒　葛犇程　编著

全国百佳图书出版单位
浙江摄影出版社出版发行
　　　　地址：杭州市体育场路347号
　　　　邮编：310006
　　　　网址：www.photo.zjcb.com
经销：全国新华书店
制版：浙江新华图文制作有限公司
印刷：廊坊市印艺阁数字科技有限公司
开本：960mm×1270mm　1/32
印张：4.75
2012年5月第1版　2023年1月第2次印刷
ISBN 978-7-5514-0036-7
定价：38.00元